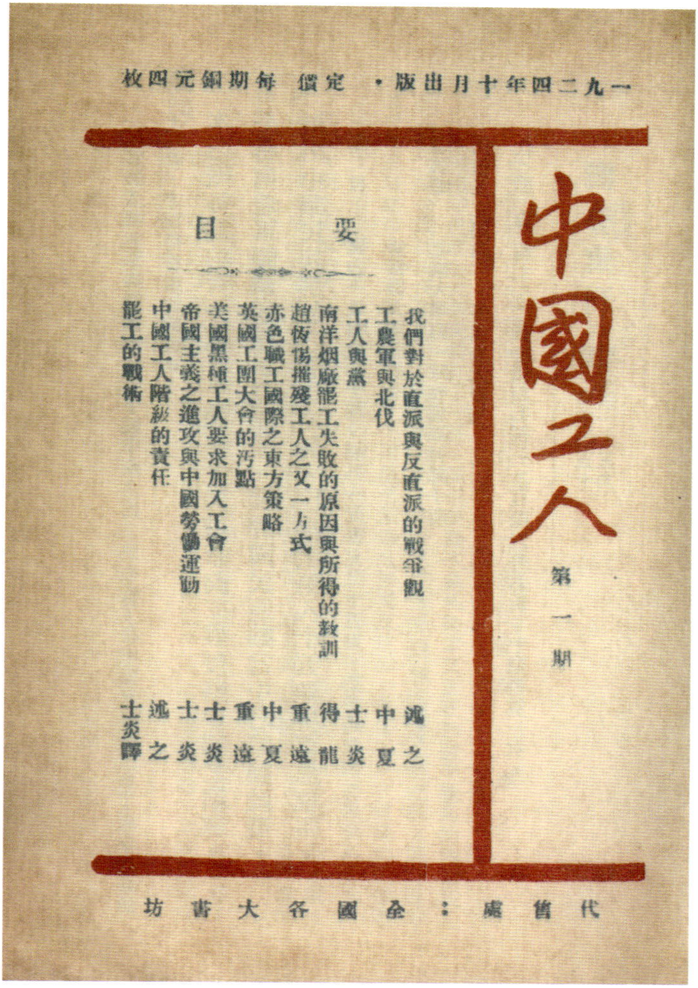
一九二四年十月出版・定價 每期銅元四枚

中國工人

第一期

要目

我們對於直派與反直派的戰爭觀　鴻之
工農軍與北伐　中夏
工人與黨　士炎
南洋烟廠罷工失敗的原因與所得的教訓　得龍
趙恆惕摧殘工人之又一方式　重遠
赤色職工國際之東方策略　中夏
英國工團大會的汚點　重遠
美國黑種工人要求加入工會　士炎
帝國主義之進攻與中國勞働運動　士炎
中國工人階級的責任　鴻之
罷工的戰術　士炎譯

代售處：全國各大書坊

★ 1924 年 10 月，中共中央在上海创办《中国工人》，与《向导》周报平行发刊，销路仅次于《向导》周报，成为革命阵营第二大刊物（图为 1924 年创刊号封面）。

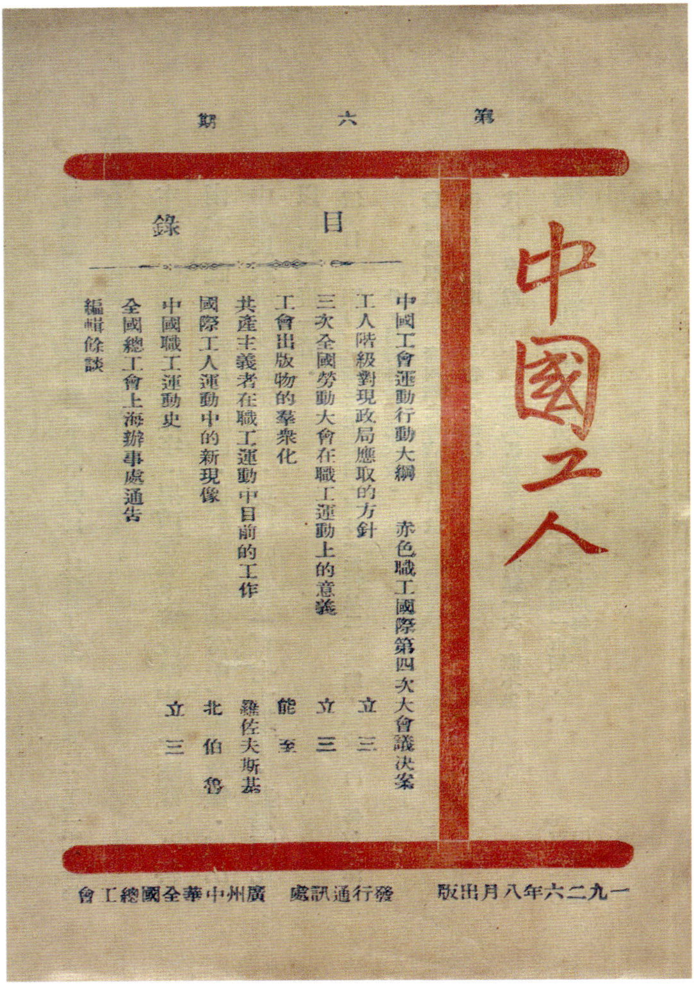
第六期

中國工人

目錄

中國工會運動行動大綱 赤色職工國際第四次大會議決案
工人階級對現政局應取的方針 立三
三次全國勞動大會在職工運動上的意義 立三
工會出版物的羣衆化 能至
共產主義者在職工運動中目前的工作 羅佐夫斯基
國際工人運動中的新現像 北伯魯
中國職工運動史 立三
全國總工會上海辦事處通告
編輯餘談

一九二六年八月出版 發行通訊處 廣州中華全國總工會

★ 1926 年 8 月，中华全国总工会在广州出版《中国工人》第六期，这也是目前发现的最早由中华全国总工会承担出版的党的刊物（杂志原件存于中共一大纪念馆，图片由中共一大纪念馆提供）。

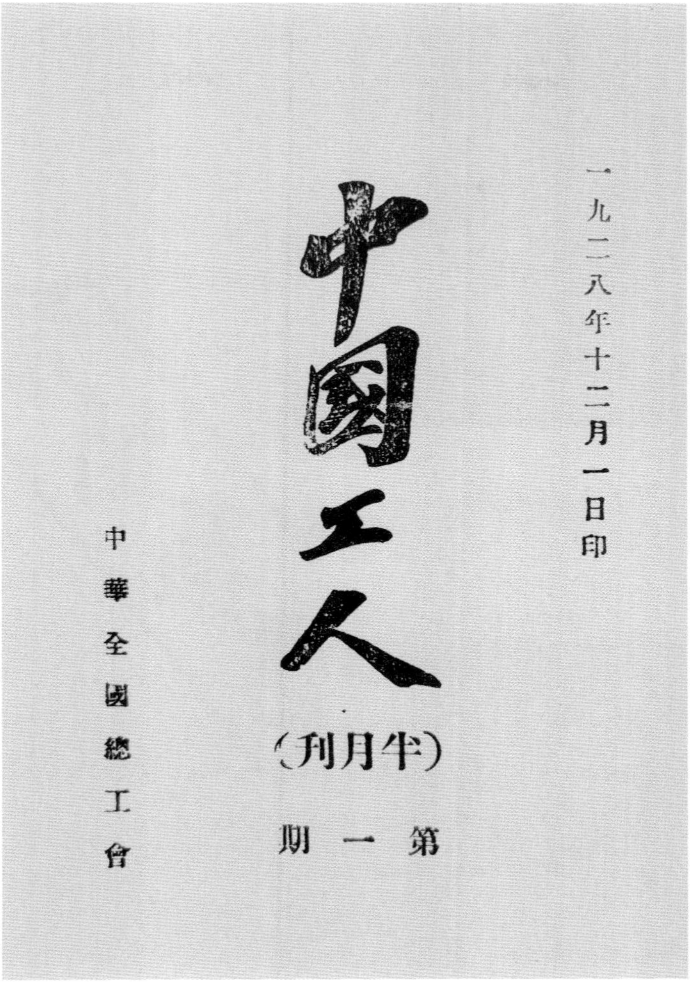
一九二八年十二月一日印

中國工人

（半月刊）

第一期

中華全國總工會

★ 1928 年 12 月 1 日，作为中华全国总工会机关刊，《中国工人》在上海复刊，新设“劳动消息”和“镰刀与铁锤”栏目，报道国内国际工人生活和工运动态。

★ 为躲避国民党当局的搜查，1928 年后部分《中国工人》以伪装封面出刊，如 1929 年第五、六期用的是“漫画集”，第七期用的是“红拂夜奔”（言情小说），第八期用的是“爱的丛书”作为掩护。

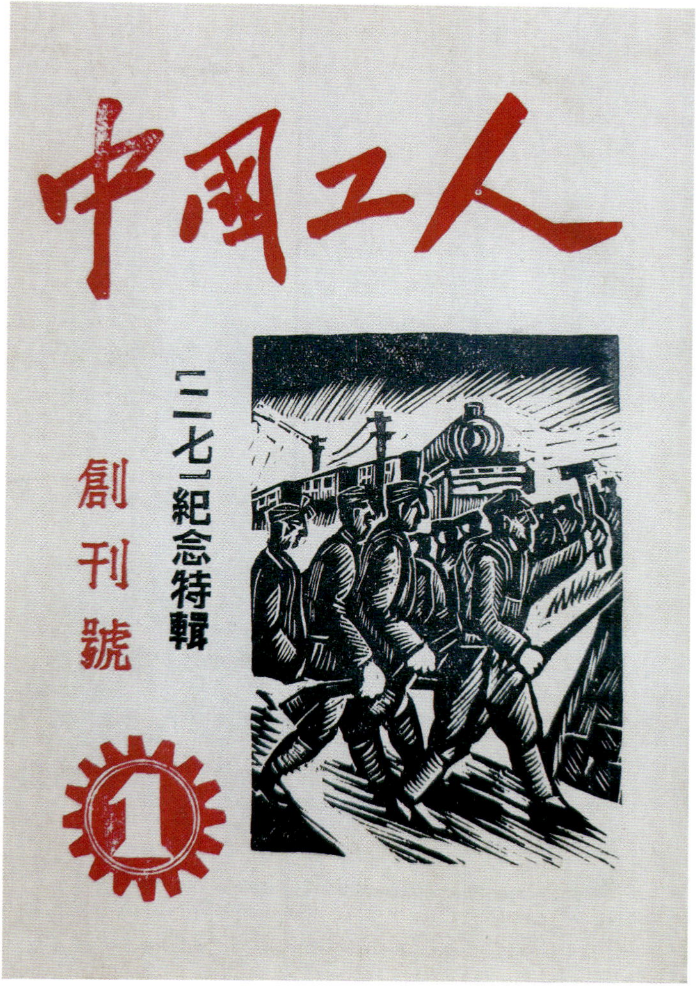

★ 1940 年 2 月 7 日,《中国工人》在延安二次创刊，成为中共中央职工运动委员会主办的机关刊物（图为 1940 年创刊号封面）。

发刊词　　毛泽东

中国工人的出版是必要的。因为中国工人阶级二十年来，在共产党领导下，进行了英勇的斗争，成了全国人民中最有觉悟的部分，成了中国革命的领导者。中国工人阶级联合农民及一切革命人民，反对帝国主义与封建势力，为建立新民主主义的新中国而奋斗，为驱逐日本帝国主义而奋斗，这种功劳是非常之大的。但是这种革命尚未成功，还须很大的努力，这种责任又是非常之大的。团结农民，团结小资产阶级，团结知识分子，团结一切革命人民，这是极大的任务与组织任务，这是中国共产党的责任，这是工人先进分子的责任，这是整个工人阶级的责任。工人阶级与全体人民的最后解放，只能在社会主义实现之时，中国工人阶级为此最后目的而奋斗，但须经过反帝反封建的民主革命阶段，才能达到社会主义阶段。所以，目前团结全国人民，反对帝国主义与反对封建势力，为建立新民主主义的新中国而奋斗，这就是当前的任务。中国工人的出版就是为了这一任务。中国工人将以通俗的言语解释许多道理给工人阶级听，反映工人抗日斗争的实际，总结经验，为完成这个任务而努力。中国工人应成为教育工人，训练工人干部的学校，读中国工人的

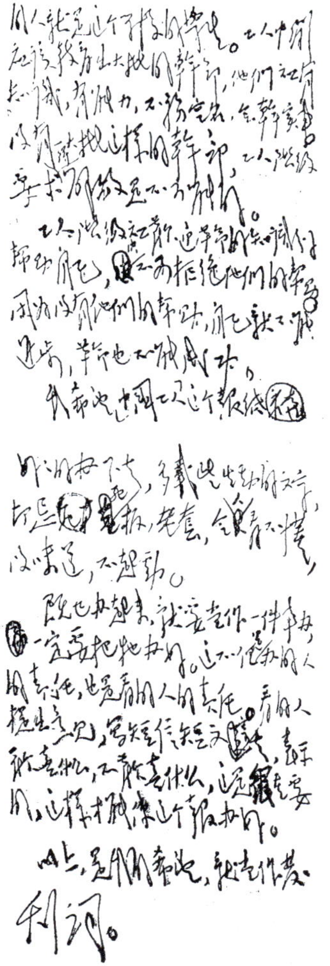

的人就是这个阶级的先锋。工人中间应该培养出大批的干部，他们应有知识，有能力，不务空名，会干实事。没有一大批这样的干部，工人阶级要求解放是不可能的。

工人阶级应当欢迎革命的知识分子帮助自己，决不可拒绝他们的帮助。因为没有他们的帮助，自己就不能进步，革命也不能成功。

我希望中国工人这个报纸好好的办下去，多载些生动的文字，切忌党八股，老套，令人看不懂，没味道，不起劲。

既然办起来，就要当作一件事办，一定要把它办好。这不但是办的人的责任，也是看的人的责任。看的人提出意见，写短信短文寄去，表示欢喜什么，不欢喜什么，这是很要的，这样才能使这个报办好。

以上，是我的希望，就当作发刊词。

★ 1940 年 2 月 7 日，毛泽东亲自为《中国工人》题写刊名并撰写发刊词。

★ 位于陕西延安杨家岭的《中国工人》编辑部旧址。

中華民國三十年九月二十四日 解放日報 星期三 第四版

合水人民捐款修渠 婦女積極參加紡織

延川鄜縣合水 縣參議會籌備開幕

迎接邊區參議會 法院將開司法會議 民廳準備報告提案

駐鄜某團建新營房

成立青年劇院 青救總劇團改組

邊府決定 開始徵收營業稅 公營私營商店一律繳納

努力提高出品質量 建立營業採買中心

自己議自己辦 記東市區參議會

中國工人 第一期

關於邊區工資問題

國際工人階級反法西斯運動

太原魔窟下的工人

小言論 幫助群衆秋收

★ 1941 年《中国工人》停刊后，《解放日报》推出《中国工人》半月刊（图为《中国工人》半月刊第一期报纸版面）。

★ 1950 年 2 月 15 日，《中国工人》恢复出版，由中华全国总工会编辑出版室编辑，工人出版社发行。

★ 1950 年 1 月，在《中国工人》恢复出版前的一个月，《中国工人画刊》创办。这是新中国成立后出版的第一本大型画刊。

★ 1956 年《中国工人》第 1 期封面。

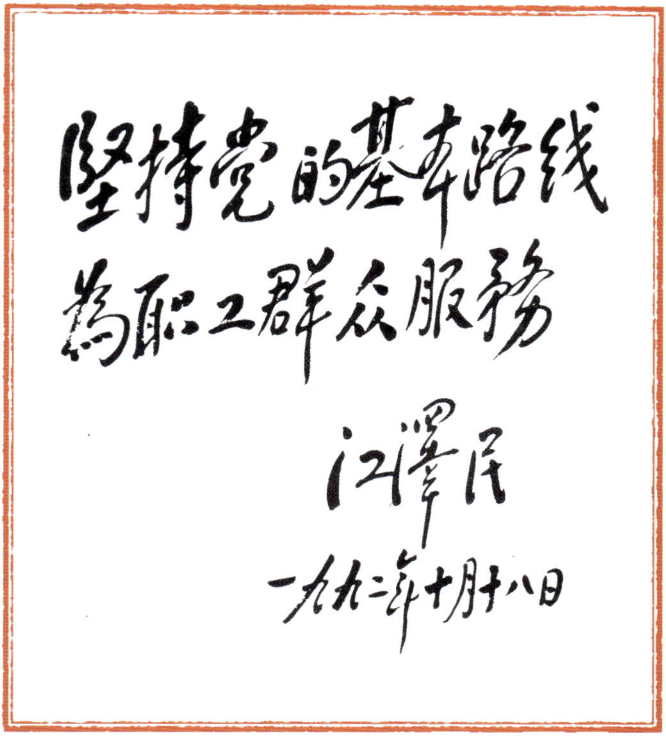

★ 1992 年 10 月 18 日，中共中央总书记江泽民为《中国工人》的恢复出版题词“坚持党的基本路线，为职工群众服务”。

★ 1993 年 1 月,《中国工人》再次恢复出版，从此再未中断。1993 年《中国工人》第 1 期封面采用了邓小平同志南方之行的大幅照片。

★ 2017 年 7 月，全国总工会党组决定，《中国工人》重新交由中国工人出版社主办。随后，《中国工人》于 2017 年 10 月改版试刊。

最深切的关怀

2013–2017：习近平总书记与中国工人阶级的10段印记

策划/制作 | 本刊编辑部

人民创造历史，劳动开创未来。

党的十八大以来，以习近平同志为核心的党中央十分关心工人阶级和广大劳动群众，高度重视工会工作和广大职工群众生活。

新中国第一次，党的总书记来到全总机关座谈；时隔36年，再一次以最高规格表彰全国劳动模范和先进工作者……在每一个具有重大历史意义的场合，“尊重劳动”始终是习近平总书记重要讲话的精髓。

北京南锣鼓巷20多米深的地铁施工平台，向正在施工作业的农民工祝福新春；茫茫林海中的棚户区简陋平房，和林业老工人互相叮嘱保重身体……习近平总书记的身影留在了劳动者中间，暖心的话透着深情，振奋的话饱含勉励。

因为牵挂，所以用心。

因为依靠，所以信赖。

在党的十九大即将胜利召开之际，我们采撷了5年来习近平总书记与中国工人阶级相濡以沫的10段印记。

最深切的关怀，就是中国工人阶级以劳动托起中国梦的最大动力。

★ 2017年10月，《中国工人》改版试刊，重磅推出深度报道《最深切的关怀——2013—2017：习近平总书记与中国工人阶级的10段印记》。

2015年7月17日，习近平在吉林东北工业集团长春一东离合器股份有限公司的车间班组园地同职工座谈。 新华社记者 鞠鹏 / 摄

★ 2019 年 9 月，《中国工人》以《我们为什么爱祖国——1949—2019：70 位中国工人的家国记忆》为主题，推出“新中国成立 70 周年”专刊，入选中宣部“庆祝新中国成立 70 周年”期刊主题宣传引导资助项目。

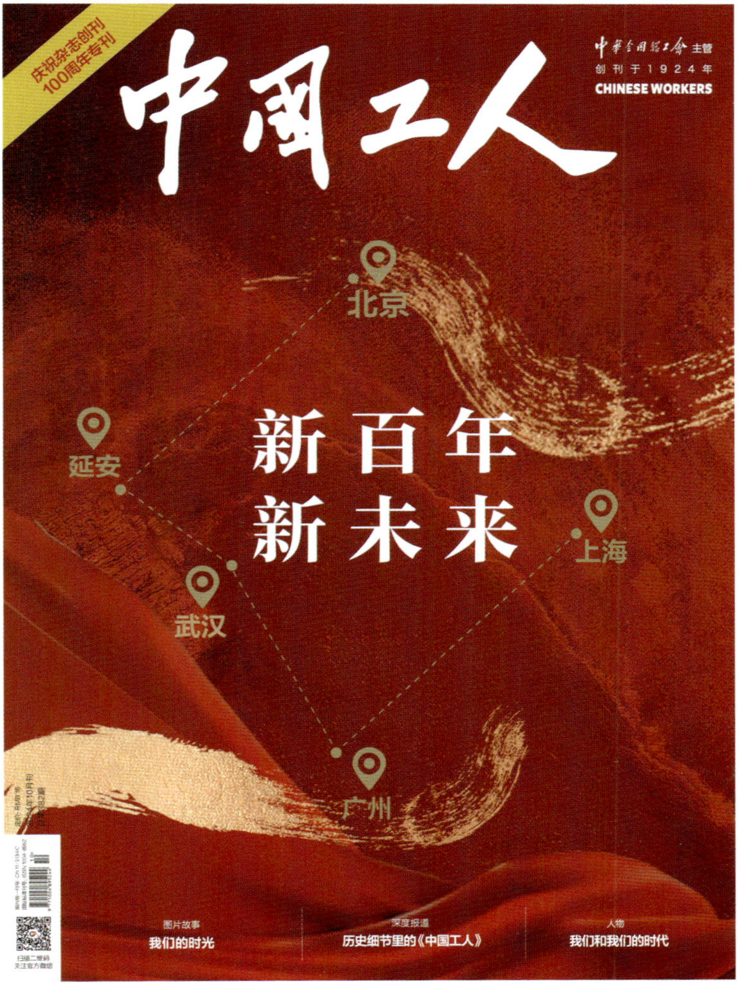

★ 2024 年 10 月，《中国工人》推出庆祝杂志创刊 100 周年专刊。

★ 2022 年 10 月，党的二十届一中全会闭幕 20 小时后，《中国工人》牵头打造的党的二十大精神学习平台上线，构建起随时学、随地学、自主学、互动学的完整云端学习生态。平台上线 4 个月，访问量突破 6 亿人次。

★ 2023 年 7 月，《中国工人》杂志社承接第二届大国工匠创新交流大会暨大国工匠论坛全程直播任务，首次在工会系统实现 50 小时不间断播出，同步承担 10 余个地方工会的直播活动，全网观看量超过 2000 万人次。

★ 2023 年 7 月,《中国工人》以“看见：大国工匠的创新之路”为主题推出第二季“中国工人蓝沙发”系列访谈节目（图为大国工匠王曙群正在接受访谈）。

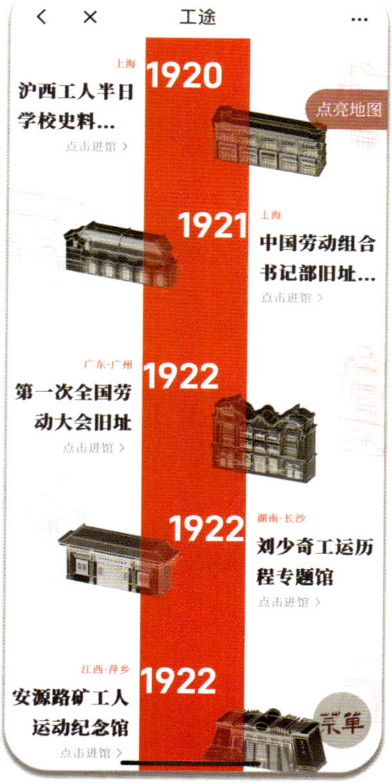

★ 2023 年 9 月，由《中国工人》杂志社自主研发、设计、运营的全国职工爱国主义教育基地“工途”小程序正式上线，通过 3D 实景复刻技术，将党领导下的百年中国工会发展史从线下展馆延伸到线上云端。“工途”小程序上线 5 个月，浏览量突破 2 亿人次。

★ 2022 年以来，《中国工人》杂志社相继承担全国总工会重大活动、重点赛事官方直播任务，拥有一支成熟高效的直播团队，用数字化手段赋能宣传的广度与深度。

《中国工人》百年简史

张刃 李瑾 著

中国工人出版社

目 录

第一章
中国工运的历史先声

第二章
点亮“全中国工人的灯塔”

第三章
在抗日根据地新生

第四章
新中国的工运历史文本

第五章
改革开放年代“为工发声”

第六章
新时代书写新篇章

北京，复兴门外，中华全国总工会机关大楼。

许多弥足珍贵的工运史料，静静地存放在8楼的档案室。

一份保存了100年的杂志——《中国工人》杂志1924年10月创刊号，纸张发黄、印刷粗陋，脆弱的书页稍不小心就可能被损毁。和它相伴的，还有25册同样老旧的影印本。

一段影响中国工人运动风云进程的历史，就这样驻留在这本红色刊物的字里行间，记录着革命年代的烽火硝烟，回荡着先驱一代的呼号呐喊。

从历史走向未来，100载光阴如白驹过隙，神州大地已经换了人间。

但是，历经风雨坎坷的《中国工人》杂志，始终初心不改，永远年轻。

第一章

中国工运的历史先声

1919年，五四爱国运动席卷中国大地，工人阶级第一次以独立姿态登上政治舞台，也启发了中国最早的共产党人走上与工人阶级相结合，发动和组织工人起而革命的道路，从此揭开了中国历史的新篇章。

中国共产党成立初期，宣传马克思主义，启发工人阶级觉悟，动员工人组织起来，为争取自己的权益而斗争，成为党的主要任务。

革命需要舆论，舆论需要宣传，工人读物应运而生。

为宣传党的政策、主张，《中国工人》忠实地充任了党的“喉舌”。

《中国工人》创刊的历史背景

追溯《中国工人》的历史，不能不提及在它诞生前的“先行者”。

中国早期工人读物受包括无政府主义、帮会意识在内的各种思潮影响，呈现多样化态势。最早关注和影响中国工人运动的共产主义刊物，当数《新青年》。

从 1920 年 9 月第 8 卷起，《新青年》作为上海共产党早期组织的机关刊，新辟马克思主义介绍、社会主义讨论、俄罗斯研究等栏目，用马克思主义的观点，宣扬“劳工神圣”和工人权益，号召革命知识分子到工农中去，推动工人运动发展，并且报道各地工人的生活状况和罢工斗争。《新青年》第 8 卷第 1 号就曾刊载通讯，对 1920 年香港工人罢工做了详细记述。

1920 年 8 月、11 月，上海和北京的共产党早期组织分别创办了更有针对性的《劳动界》和《劳动音》周刊，前者由陈独秀、李汉俊发起，后者由陈德荣、罗章龙主编。

《劳动界》和《劳动音》用通俗的语言宣传马克思主义，启发工人阶级觉悟，动员工人组织起来与资产阶级、帝国主义进行斗争。不过，罗章龙后来回忆说，“《劳动音》还不能完全站在马克思主义立场上，内部思想也不统一，多少带有学院式气息和无政府主义色彩”。

《劳动界》和《劳动音》的存续时间都很短，1921 年初前后就相继停刊了。

1921 年 7 月，北京共产党早期组织又创办了《工人周刊》，后来先后成为中共北方区委和中华全国铁路总工会的机关报。

《工人周刊》最初由罗章龙任主编，李大钊、高君宇、何孟雄等参加编辑工作，延续至 1926 年初停刊。依照罗章龙的回忆，《工人周刊》坚持出版五年，累计期数约在 150 期以上，成为大革命时期持续最久的党刊之一。不过，《工人周刊》留传下来的原件很少，最早的一期为 1921 年 10 月 9 日出版的第 12 号，最晚的是 1926 年 1 月 25 日出版的第 137 号，如今均收藏在中国革命博物馆。

当时，广东、湖南、湖北、山东等地创办的工人报刊还有《劳动者》《伙友》《劳动与妇女》《劳工周刊》《真报》《唐山潮声》等。这些早期工人报刊出版的时间都不长，但在不同程度上反映了工人阶级的生存状况，启迪工人为争取自己的权益组织起来进行斗争。

工人报刊发生根本转变并逐步走向成熟，是在中国共产党成立之后。

1921 年 7 月，中国共产党第一次全国代表大会第一个决议开宗明义指出："本党的基本任务是成立产业工会……党应在工会里灌输阶级斗争的精神。"8 月，作为党领导工人运动的公开机构——中国劳动组合书记部正式成立。"劳动组合"在日语里是工会的意思，"书记部"即秘书处。

中国劳动组合书记部创办了机关报《劳动周刊》。《劳动周刊》发刊词公开宣布自己“是中国全体劳动者的言论机关……为劳动者说话，鼓吹劳动组合主义”，希望广大工人群众都来关注它维护它，以“扩大解放全人类的声浪，促进解放全人类的事业实现”。

《劳动周刊》于1922年6月停刊，共发行41期。

接下来，属于《中国工人》的时间到了。

中共中央创办《中国工人》

中国共产党成立初期，以工人阶级为读者对象的报刊，是发动工人运动和进行阶级斗争的重要舆论工具。当时，负责党的宣传工作的是中共中央局委员罗章龙。他在他的回忆录《椿园载记》里，记录了《中国工人》的创刊过程：

> 一九二三年，中共中央曾决定办一种工人运动理论刊物，但因人力不足，久未实现。一九二四年，中央再次作出决定办一个革命理论与实践综合性的工人运动刊物，定名《中国工人》。我适由欧洲回国，遂推我负责主编，并组成编辑委员会。一九二四年十月，创刊号问世。

作为《中国工人》的第一任主编，罗章龙的这段回忆有着深刻的历史背景。

1921年8月，中国劳动组合书记部成立后，在北京、湖北、湖南、广东、山东设立分部，共产党人在各地创办工人学校，出版工人读物，并且发动和组织工人开展了一系列罢工斗争，形成了中国历史上第一次全国性工人运动高潮，其中就包括著名的香港海员大罢工、开滦煤矿工人大罢工、京汉铁路工人大罢工、安源路矿工人大罢工等。

1922年5月，中国共产党以中国劳动组合书记部的名义，发起召开了第一次全国劳动大会，实现了中国工人阶级走向联合、团结的开端，确立了中国共产党在全国工人运动中的领导地位。

1922年7月，中国共产党第二次全国代表大会通过的《关于工会运动与共产党的决议案》指出，共产党是所有阶级觉悟的无产阶级分子的组合，是无产阶级先锋队；工会是所有工人的组合，共产党是一个人的头脑，全体工人就是人的身体。这份决议案明确要求共产党员，“决不可不注意任何工会活动，并要适当地诚实地和勇敢地率领工会运动”。此后，在党的号召发动下，全国工人开展了劳动立法运动。

1923年，“二七”惨案发生，全国工人运动陷入低潮。同年6月，中国共产党第三次全国代表大会通过了《关于劳动运动的议决案》，号召恢复工会，领导工人进行政治斗争，并决定在中央和各地方党部设立工农部，领导工农运动。

1924年1月，第一次国共合作的实现，成为中国革命复兴和高涨的新起点。6月，中共中央执行委员会扩大会议通过的

《关于工会运动决议案》决定，各级党组织的工农部均“应特设一工会运动委员会，专管工会运动……中央机关报里，工会运动也要占第一等的地位”。

这一历史脉络，就是罗章龙所说“中共中央曾决定办一种工人运动理论刊物”的由来。由此可见，创办《中国工人》是中国共产党领导中国工人运动的需要，是中国工人运动新的高潮来临的历史产物。

1924 年 10 月，《中国工人》由中共中央正式创办。罗章龙后来回忆说：“《中国工人》当时在国内与《向导》周报平行发刊，销路仅次于《向导》周报，而为革命阵营第二大刊物。”

罗章龙所说的《向导》周报，是当时中共中央的机关报。《中国工人》与党的机关报“平行发刊”，且是由当时中共中央负责宣传工作的中央局委员来担任主编，中国共产党早期重要领导人、中国工人运动先驱瞿秋白、邓中夏和赵世炎等参与编辑撰稿，足以显示中共中央对这份刊物的高度重视。

回看这段历史，《劳动界》《劳动音》《工人周刊》《劳动周刊》的创办，是各地共产党早期组织和劳动组合书记部创办工人报刊的开端与探索。在此基础上，中国共产党成立以后，总结和借鉴以往办刊和宣传经验，创办《中国工人》用以指导工人运动，开启了中国工人运动舆论宣传工作的全新阶段。

“彼是中国工人运动的灯塔”

1924年10月，《中国工人》在上海创刊，28岁的罗章龙成为第一任主编。截至目前的史料考证，这一段时间（1924—1926年）《中国工人》先后出刊6期。

罗章龙，原名罗璈阶。1896年11月30日出生于湖南浏阳东乡沔江村一个农民家庭。1918年4月，与毛泽东等发起组织新民学会。1919年，参加五四运动。1920年初，参与组织李大钊发起的北京大学马克思学说研究会，同年参加北京的共产党早期组织。1921年，参与创办《工人周刊》，后任中国劳动组合书记部北方分部主任。1922年，参与领导长辛店和开滦五矿工人的罢工斗争。1923年6月，参加在广州召开的中共三大，被选为中央执行委员会委员和中央局委员。1924年作为中共代表团成员参加共产国际五大，回国后负责主编《中国工人》。

《中国工人》创刊时，上海已经成为近代中国工业最发达和产业工人最集中的大城市，工人数量超过50万，接近全国产业工人总数的四分之一。租界的“治外法权”和出版环境的相对宽松，也为马克思主义的传播提供了一定的有利条件。

作为舆论工具，每一份报刊的出版发行都要有自己的宗旨——办给什么人看？要达到什么目的？由中共中央直接创办的《中国工人》，不论是读者群体还是宣传导向，都体现出鲜明的工人立场。

从创办开始，《中国工人》便立足于宣传马克思主义阶级斗争学说，研讨工人运动各种实践问题。这样的办刊宗旨，符合中共中央决定“办一个革命理论与实践综合性的工人运动刊物”的要求，很快让《中国工人》成为影响较大的政治刊物。当时声名显赫的《新青年》，热情动员工人、学生广泛订阅《中国工人》，并且发布广告赞誉《中国工人》——“彼是中国工人运动的灯塔，是从事工人运动的军师”。

《中国工人》的办刊宗旨，直接显示在每期刊载文章的题目上——

第一期的主要文章包括《工人与党》《南洋烟厂罢工失败的原因与所得的教训》《赤色职工国际之东方策略》《中国工人阶级的责任》等；

第二期的主要文章包括《海员宣传问题》《谁是友？谁是敌？》《〈向导〉周报与劳动阶级》《我到俄国一个月的感想》《国际工人运动与职工国际第三次代表大会》等；

第三期“国际工会运动专号”的主要文章包括《赤色职工国际与国际职工协会》《论国际工会运动》等；

第四期的主要文章包括《评职工运动中的反动派》《“二七”失败后的安源工会》《职工运动复兴及其应取之方针》《北京政变后的政局与工人阶级》《上海的童工问题》《工人的知识问题》等；

第五期的主要文章包括《五一运动与中国工人》《五一纪念与共产国际》《劳动运动复兴期中的几个重要问题》等；

第六期的主要文章包括《中国工会运动行动大纲（赤色职工国际第四次大会议决案）》《工人阶级对现政局应取的方针》《三次全国劳动大会在职工运动上的意义》《工会出版物的群众化》《国际工人运动中的新现象》《中国职工运动史》和《全国总工会上海办事处通告》等。

从这些文章题目可以看出，宣传党的主张、服务工人运动是《中国工人》的初衷。事实上，尽管随着不同年代的形势发展，《中国工人》多次调整编辑方针和刊物内容，但它始于1924年创刊时的宗旨从来没有改变。

学者宁树藩在研究中国工人阶级报刊的产生与初步发展时这样评价《中国工人》，“这个月刊是第一次工人运动高潮过后，新的高潮开始来临时出版的，所以带有特别鲜明的战斗色彩，该刊经常发表总结罢工经验指导工人斗争的文章，以阶级斗争艺术武装广大工人群众。该刊也曾和党内右倾机会主义进行过斗争”。

客观而言，这一时期马克思主义在中国的传播还处于起步阶段，《中国工人》承担着理论阐释的重任，很多文章篇幅较长，相对于普通工人的文化水平，“文字也艰深些”。它的主要读者对象是有一定文化的、从事工人运动的知识分子或觉悟工人，用以指导他们的工作，通过他们向普通工人做通俗的宣传。

举足轻重的撰稿人

一个刊物要办得出色，需要一批优秀的作者；要办得有指导性，需要权威人士撰稿。《中国工人》创刊伊始，便显示出强大的作者阵容。

纵览《中国工人》前六期的封面要目，所列作者名字不仅有今天人们耳熟能详的瞿秋白、刘少奇，还有中夏、士炎、德龙、述之、重远、伟民、能至、巨缘、一农、伯简、守常、辟世和张特立等。若不详加考察，后面这些名字很容易被忽略，而他们中不乏当时中国共产党和工人运动的领袖人物，或与当时的中国工人运动有着举足轻重的密切关系。

守常，即李大钊。中国共产主义运动先驱和最早的马克思主义者，中国共产党的主要创始人之一。1913 年，李大钊赴日本留学，1916 年 5 月回国，积极推动新文化运动。1918 年任北京大学图书馆主任，经济、历史系教授，参与编辑《新青年》，并与陈独秀一同创办《每周评论》，传播马克思主义。1920 年，和陈独秀酝酿组建中国共产党，与邓中夏、高君宇等建立北京共产党早期组织，负责领导北方工作，先后组织和指导开滦五矿、京绥铁路、京汉铁路等工人罢工。在中共三大、四大上当选中央执行委员会委员。

巨缘，即瞿秋白。中国共产党早期主要领导人之一，卓越的无产阶级革命家、理论家和宣传家，中国革命文学事业的重要奠基者之一。1922 年，瞿秋白加入中国共产党，编辑中共中央机关刊物《向导》周报。1925 年，在中共四大上当选为中共中央执行委员会委员、中央局委员。后在中共五大上，当选为中央委员，在中共六大上当选中央委员、中央政治局委员。

张特立，即张国焘。1916 年，张国焘进入北京大学读书，五四运动中表现积极。1920 年 10 月，参与创建北京共产党早期组织。1921 年 7 月，在中共一大上当选中央局成员，是中国劳动组合书记部首任主任。

中夏、重远，即邓中夏。早期工人运动领导人。1920 年，邓中夏参与发起北京大学马克思学说研究会，在北京参加共产党早期组织，是中国共产党最早的党员之一。1921 年，任中国劳动组合书记部北方分部主任，负责领导北方工人运动，并在全国发起劳动立法运动。1925 年，任中华全国总工会秘书长兼宣传部部长。历任中央执行委员、中央执行委员会候补委员、中央委员等职务。

士炎，即赵世炎。旅法中国共产党早期组织发起人、工人运动领导人。1920 年，赵世炎赴法勤工俭学，与周恩来等发起成立旅法共产党早期组织。1924 年 7 月回国，先后任中共北京地方执委会委员长、中共北方局成员、中共北方区执委会宣传部部长兼职工运动委员会主任，协助李大钊领导北方各省斗争，领导了震惊中外的上海工人三次武装起义。

德龙，即项英。许多人都知道项英是新四军政委、抗日名将，在皖南事变中牺牲，但很少有人知道他还是中国共产党在湖北最早发展的产业工人党员。项英长期在武汉、上海等地从事工人运动和党的工作，是中国工人运动第一次高潮中最活跃、最有影响的领导人之一。曾任中共第三届、第四届中央执行委员，第五届、第六届中央委员，第六届中央政治局常委，中共中央职工运动委员会书记，中华全国总工会执行委员会委员长兼中共党团书记等职务。

述之，即彭述之。1921 年，彭述之加入中国共产党，是中共莫斯科支部负责人之一。1924 年回国，主编中共中央机关报《向导》周报和理论杂志《新青年》。1925 年，在中共四大上当选为中央执行委员会委员、中央局委员，并任中央宣传部主任。

伟民，即林伟民。海员出身的林伟民是中华海员工业联合总会发起者和负责人之一。1922 年 1 月，林伟民和苏兆征等人领导了香港海员大罢工，8 月又发动和领导了上海海员工人罢工。1924 年，加入中国共产党。1925 年，在第二次全国劳动大会上，当选为中华全国总工会第一届执行委员会委员长。

能至，即李立三。中国共产党早期领导人，工人运动领导人。1921 年，李立三加入中国共产党，1922 年与刘少奇等组织安源路矿工人大罢工，历任上海总工会委员长，中华全国总工会执行委员会委员兼组织部部长、代委员长，中共第五届中央政治局委员，第六届中央政治局委员、常委等职务。

辟世，即任弼时。1920 年，任弼时加入中国社会主义青年团。1922 年，转为中共党员。此后，历任团中央总书记、中共中央委员、中央政治局委员、红二方面军政治委员、中共中央秘书长、中央书记处书记等职务。

一农，即罗亦农。中国共产党早期领导人，工人运动领导人。1921 年，罗亦农加入中国共产党，任中共旅俄支部书记，是刘少奇的入党介绍人。1925 年 3 月回国，参与领导五卅运动、省港大罢工和上海工人三次武装起义。先后任中共中央组织部（组织局）部长（主任）、中共中央长江局书记、中央临时政治局常委等职务。

伯简，即张伯简。中国共产党早期革命理论家。1918 年，张伯简赴法勤工俭学。1921 年，加入中国共产党。1924 年，回国从事工人运动，协助蔡和森主编《向导》周报和《中国青年》等。

特别需要指出的是，《中国工人》创刊之际，中国共产党党员不足千人。即便到 1925 年 1 月中共四大召开时，全国的党员总数也只有 994 人。在这样的背景下，那么多中共高级领导还能持续为《中国工人》撰稿，足见党对宣传和发动工人阶级、开展工人运动的重视与指导，完全契合建党初期的工作方针与工作重点。

向工人阶级宣传党的立场和主张

中国共产党成立初期，宣传马克思主义、启发工人觉悟是重要的任务。这是中国的共产主义知识分子走与工农相结合的道路，促进马克思主义在中国广泛传播的必经阶段，也反映了共产党人对工人阶级伟大力量的认识。正如李立三所说：“五四运动以前几乎没有认识群众力量，到了五四运动以后，一般进步青年便受了这个浪潮的冲击，认识国民革命前途，必须唤起广大的群众来参加，尤其是工人群众。”

无论是中共一大还是中共二大，都专门就工人运动作出了决议，便是共产党人对工人阶级力量认识的体现。党的一大决议还特别要求，“每个地方组织均有权出版地方的通报、日报、周刊、传单和通告。不论中央或地方出版的一切出版物，其出版工作均应受党员的领导”，宣传党的政策、主张。

《中国工人》创刊以后，忠实地充任了党的“喉舌”，发表了许多重要文章。

1924年《中国工人》第一期上，赵世炎在《工人与党》（署名“士炎”）一文中，阐述了工人阶级只有在自己的先锋队——共产党领导下，才能够凝聚力量，推翻资产阶级、帝国主义的压迫和剥削，实现解放，同时抨击了反动当局剥夺工人自由权利，禁止工人结社、入党的卑劣手段。文中写道：

> 他们军阀官僚现在利用站在统治的地位，公然“下命令”干涉我们加入党了！北京交通部对各铁路局下了一个昏蛋[①]的训令，“严禁工人入党”，又发出一种什么“职工永不入乱党之誓书”，强迫各处无论新旧工人，一律填写签名。

① 为体现《中国工人》历史原貌，本书引述文字均使用刊物原文，保留旧时用法，仅对原刊明显错字、漏字、衍字和误排做了校勘和订正；补字用“( )”，辨认不清的字用“□”表示，后文不再一一注明。

可是这件事，我们也并不以为奇怪，他们怕我们入党，与我们痛恨他们组织“宪政党”“头发党”“研究系”“外交系”是一个样。我们将来革命成功时，也可以照样严禁他们。所以，我们交通工人现在“誓书”上填写签名的意义是：我们起一个誓，我们入党成功后，就禁止他们组党！

同样是在1924年《中国工人》第一期上，彭述之在《中国工人阶级的责任》（署名“述之”）一文中提出，殖民地或半殖民地的工人阶级，面临国民革命与无产阶级革命两个阶段，沟通这两个革命阶段的只有工人阶级。在中国，“国民革命是绝对需要并且需要得非常紧迫，无产阶级革命虽然客观条件未成熟，然亦是迟早必然到来的命运”，中国工人阶级的使命“第一步要成功国民革命，第二步要成功它特有的无产阶级革命”，因此：

中国工人阶级的责任在中国将来的历史上比任何阶级要重大，担负中国真正的革命事业的，创造中国将来真正的新社会的，只有它有这种魄力。

有人说：中国资本主义非常幼稚，因此工人阶级也幼稚得非常，它此时还说不上有多么大的力量，能够担负多么大的责任，譬如国民革命就绝不是工人阶级单独所能胜任。必得联合各阶级来共同奋斗，才有成功的可能。不错，中国工人阶级是幼稚，可是别的阶级如资产阶级比工人阶级更幼稚得多呢。这个我们只拿近几年来工人阶级与资产阶级在一般革命运动——反帝国主义与反军阀运动上所表现出来的事实看看，就非常明白。资产阶级不惟在数量上太少，即在其质量上及其觉悟上比起工人阶级来也相差太远。因为在中国真正的资产阶级刚刚从帝国主义者的买办阶级（即商人）中脱胎出来，在经济上始终还是直接间接附贴着于外国资本而不能独立。至于其余的农民、小手工业者、小商人、智识阶级等虽然亦是国民革命中的重要势力，然在经济观点上始终只能依附于别一阶级活动，绝不能成为主要力量。

总之，中国工人阶级无论怎样幼稚，怎样无力，可是它比起别的阶级来要不幼稚要有力量。对于国民革命自然要各阶级共同合作，可是领导国民运动的只有工人阶级。因为（一）中国工人阶级是最后的革命阶级，只有它能引导革命到底，反对帝国主义与军阀到底。（二）它有全世界无产阶级的伟大后援。（三）农民和手工业者，数量极多，在国民革命中有绝大的作用，然而与农民、小手工业者的利益接近的，只有工人阶级，所以亦只有工人阶级能领导它们。

既然在中国只有工人阶级能够真正担负革命，从国民革命直到无产阶级革命，既然中国工人阶级的责任如此重大，那么它现在应该怎样呢？我以为唯一的最根本的问题就是我们工人应该明白自己的这个真正责任，固然不可骄矜，然亦绝不可小视。我们明白了我们工人自己的责任，了解了我们自己的地位，那时我们才能按着一定的计划，向着一定的目标，按部就班的前进。

1925年《中国工人》第四期上，署名“硕夫”的文章《工人的知识问题》驳斥了“工人没有知识，应该先受教育，再谈权益”的谬论，直言现今中国的教育不外“洋奴化的教育、复辟的教育、机械的教育或高等游民的教育”，即使在教育普及的欧美发达国家，工人同样没有参与政治、争取权益的资格。他写道：

殊不知工人自有工人的知识。他们的教育底方法，客观条件已给他们准备好了，资产阶级学者先生们所谓的教育不但他们享不到，而且也不是他们所必需的。工人的知识就是阶级觉悟，阶级觉悟是从阶级争斗中一步一步发展来的，因此工人的教育方法也就是他们的阶级争斗。

资本家要得剩余价值，必须要剥削工人们的剩余劳动；并且要取得最大量的剩余价值，必须用尽可能的手段压迫工人以夺取最大量的剩余劳动。工人受了无限制的压迫，为保全生命的奋斗，终究是要起来反抗的。资本家的压迫无有底止，工人的反抗即无有已时。压迫愈甚，反抗力愈大；压迫的方法愈严，反抗的方法也就随之愈密。

工人们要抵御资本家强暴的压迫时，他们开首即感觉到个人无势力，有团结的必要；部分的团结往往为资本家所破坏时，他们即知道有全工厂团结的必要；全工厂的团结还不够时，又进而知道有全地方、全产业或全中国的总团结的必要。因争斗而得到国际无产阶级的援助时，于是更发展了他们的世界主义。争斗胜利一次，他们固然更认清了团结的力量；失败一次，他们也看出资本家种种欺诈、种种破坏他们团结的方法和他们内部的种种弱点，即重新集中他们的组织，考究他们的作战方法，以谋再接再厉的争斗。

工人们与资本家对抗时，开始即遇着警察和军队；言论集会的自由，即被官厅下令禁止，于是他们便知道了现在的政府是只拥护资本家的。经济的争斗与政治的争斗是不可分离的，当政治争斗到了最高度时，稍一退让，反动的势力即乘之而起，施以最残暴的压迫，于是他们又认清了有根本解除统治阶级的武装和施行专政之必要。

工人的知识是这样顺次发展来的，各国的工人都是如此。书本子里的知识也不过是过去的阶级争斗的经验，作他们在争斗中的参考。

经过长期的争斗，工人们从这争斗的过程中，认清了社会阶级利益的冲突，即由此而认清了一切社会问题和一切科学的价值。

帮助工人和工会认清斗争形势

中国共产党人宣传马克思主义，启发工人觉悟，目的在于把工人组织起来，成立工会，开展对敌斗争。第一次全国工人运动高潮的形成，就是中国共产党领导工人运动的重要成果。

1923 年，“二七”惨案发生，工人运动转入低潮，各种反动工会骚动起来，与共产党争夺对工人运动的领导权，一些工贼趁机把持工会，堕落为资产阶级的帮凶，蒙骗和麻痹工人。因此，帮助工人和工会认清形势与使命，坚持工人运动的正确方向，成为当时中国共产党人的重要任务。

毫无疑问，《中国工人》担负起了自己的宣传责任。1924 年《中国工人》第二期刊出邓中夏的《海员宣传问题》（署名“中夏”），针对香港海员罢工后内部涣散问题，呼吁“海员工会应加倍努力作一番宣传工夫”，并提出五个有针对性的宣传口号：

（一）打破帮口——海员以粤籍甬籍人为最多，向来有“广东帮”、“宁波帮”之分，彼此漠不相关，甚或互相嫉妒。漠不相关是乡土的言语和习惯不同的关系；互相嫉妒却是职业的位置和利益相妨的关系。同是中国民族，同是无产阶级，这些缺点，都应当极力改正。不然，徒然予资本家有机可乘，分散我们的势力，破坏我们的营垒。所以“打破帮口”这一句口号是海员运动中首先要宣传的。

（二）统一工会——海员内部组织，从前异常复杂，如宁籍海员有“焱盈”、“均安”之分，粤籍海员又有“联义”、“群益”之别。此外还有什么“关帝会”、“同心社”、“慈善会”……等名目。香港大罢工前后，方有“海员工会”之组织，于广州、香山、汕头、上海设分部，这算是大有进步了。不过加入海员工会的十分之八是粤籍海员，而甬籍海员未能尽量吸收，是一大缺点。此后海员工会亦应极力矫正。要知道我们的组织是宜合不宜分的，合则势力雄厚，分则势力薄弱。最好是采用产业组合的原则，这样，固然不为籍贯所限制，而亦不为职业所分割。只要是海员，籍贯上不论是广东人也好，宁波人也好，福州人也好，天津人也好，总之，一律加入。职业上不论是司机也好，烧火也好，西崽也好，厨子也好，水手也好，总之，一律加入。如把所有的海员集中组织在一个总工会之下，你想这种力量是何等坚固而伟大！所以“统一工会”这一句口号是海员运动中也要宣传的。

（三）建立基本组织——海员工会的最大毛病就是忽略了这一点。你想一个几万人的团体，仅仅只上层有一个工会组织，而下层没有基本组织，这个工会不是“上不在天，下不在田”悬了空吗？比方军队，光有总司令部是不行的，必得有“连”有“排”有“棚”的基本组织。工会也是一样，上面固然要有个总工会以总其成，下面必得有“支部”有“小组”的基本组织。最好每条船上设一个“支部”，由全船海员选举三人或五人组织“干事会”，负执行本船一切事务及对外交涉之责；“支部”下可分设若干“小组”，五人至十人为一“小组”，每组举一组长，负传达消息分送出版物及收集会费交纳干事会之责。“干事会”每周至少要开会一次。“小组”每两周至少要开会一次。此外又要有一个“全体大会”，每月至少开会一次。于必要时，亦得召集“组长联席会议”。这样，每条船上都有了基本组织，那上面的总工会才不至悬空。总工会每年择适当时期和适常地点召集一次“代表大会”，每船出代表一人或二人，检查此前一年内总工会的工作是不是做得好，讨论此后一年内总工会要做一些什么事情；并改选总工会的职员。这样一来，我们的工会才能够像军队一样紧严和坚固。所以“建立基本组织”这一个口号，又是海员运动中应当宣传的。

（四）民族平等——同是一条船，同是一样工作，并且同是一样时间，然而外工的工资却与华工独多。又如吃饭，外工有五个菜，又有酒喝；华工却只三个菜，无酒喝。又如住处，外工二三人一间房，并有人司洒扫之劳，华工不论数十人只住在两间房，无人洒扫，污秽不堪。外工做错事至多斥责几句，华工做错事至少拳足交加。船上游戏场跳舞会，外工可以去，华工不能。船抵外国各港时，有许多地方不许华工登岸，西贡海防虽准登岸，一至晚间，如无随身护照，即便捉去。由此种种，可见外国资本家看不起中国人，以为中国人是劣等民族、野蛮民族，所以不应该有与白种人同样之待遇，你看可恶不可恶。但是又要知道外国工友也是我们同阶级的兄弟，我们对于他们并不是嫉妒他们的生活比我们好，我们是希望我们的待遇要和他们一样。所以我们所反对的是外国资本家，不是外国工友。外国工友我们还要很亲密的和他们联合哩。我们并且要告知外国工友，我们要求民族平等，于他们不特无损害，而且有好处，因为这是使我们势力壮大，可为他们同阶级中添上一得力的援军。再则，中国之所以弱亡，表面上是军阀为恶，实际上是外国资本帝国主义作祟，我们要中国好，只有打军阀和资本帝国主义这两个恶魔。所以要求民族平等，便是海员为保存国家保存民族尽了责任。“民族平等”这一个口号，又是海员运动中应当宣传的。

（五）联络世界无产阶级——我们从前的眼光实在太短浅了。我们从前只看见几个中国人，甚至于只看见几个同乡，决不注意和外界联络。我们海员固然要和国内的铁路工友、码头工友联络，我们也要和全世界无产阶级联络。你看现在的俄国不是无产阶级专了政吗？德国的无产阶级去年十月不是起了革命要打倒资本制度吗？英、美、法各国的无产阶级不是公开的组织大规模的工会和随时乘机进行社会革命吗？他们现在都团结得铁桶一般，而且都成立了一个国际的组织，叫做“赤色职工国际”，设在莫斯科。这些便是我们的兄弟，我们的援军，我们的先锋。我们务要和他们紧密的联合起来，然后才有打倒资本制度之希望。外国资本家常常造谣，说“赤化”是如何如何的危险，“过激派”是如何如何的可怕，自然啦，他们要根本打倒你们资本家，解除我们工人的锁链，你们虽然认为他们是“过激”，我们却认为他们是“过善”哩。再则，各殖民地民族，不论是马来人也好，是印度人也好，是波斯人也好，是埃及人也好，他们和我们一样是受外国资本家之压迫和蹂躏，他们亦是和我们同一阶级的人，我们也要联合他们。这样西欧东亚，美洲澳洲，我们都联络成一气了，哪怕资本帝国主义不倒。所以“联络无产阶级”这一个口号，也是海员运动中不可不宣传的。

瞿秋白则认为，资本家知道高压手段无法消灭工人运动，便改用一种狡猾的手段，利用流氓或者工会内部不良分子来破坏工会或罢工运动。他把这些不良分子称为工人运动里的反动派——工贼。1925 年 4 月，瞿秋白在《中国工人》第四期上发表《评职工运动中的反动派》（署名“巨缘”），提醒工会注意工贼问题：

工贼的行为往往表面上还算办工会，替工人奔走的；而实际上呢，他们串通了帝国主义者或本国资本家，遇有罢工，或者工人和厂主冲突的时候，他们一面私通资本家，教他们压迫或欺骗工人的方法，一面在工人里主张让步，主张调和，恐吓工人。或者呢，这种分子是官僚军阀的走狗——例如交通系在铁路工人里勾通了几个工头，想官办工会，假意答应工人这样那样，实际上只想把持着工会在自己手里，使工人的组织变成官僚的。这些工贼的目的，便在于叫工人不敢反抗资本家或官僚，所以他们在意义上必定假借什么工会，使工人自己不能独立组织，为自己的利益去奋斗，却做官僚资本家的工具。因此他们遇见真正代表工人利益说话的人，便骂他是过激派，想尽方法造谣中伤，使工人不相信有利于自己的办法，然后他自己的目的便达到了。

这些反动的工贼实际上都是资本家、官僚、军阀、帝国主义的奸细。帝国主义、军阀、官僚、资本家利用他们来破坏工人运动——实在比屠杀拘禁工人的手段还要狠辣，因为工人遇着这种似是而非的办工会的人，误信了他们，便中了工人阶级仇敌的奸计——不去积极反抗或者不注意自己的组织，那就只能永世受人家的剥削压迫。所以我们工人不但要反对资本家，并且要反对这种资本家的奸细。

1923年“二七”惨案后，全国工人运动陷于低潮，各地工会或被查封，或转入地下。但是，安源工会不仅保存了组织，而且继续发展，被邓中夏赞誉为“硕果仅存”，受到了党的高层的密切关注。

1925年4月，刘少奇在《中国工人》第四期发表《“二七”失败后的安源工会》，详细介绍了安源工会的经验。他写道：

“二七”失败以后，全国空气十分恶劣，安源工会也经过很多的危险：资本家时时想法来破坏，甚至勾结军阀，贿买官厅，豢养工贼……从种种方面设法来破坏工人的组织。安源工会眼见全国工会的失败，立取守势，并劝诫工人不要骄傲，不要乱动，竭力团结内部，以防资本家之进攻；一方（面）对资本家的破坏，奋斗到底，毫不退缩。结果，因为工人能够服从指挥，一致奋斗，资本家的破坏手段着着失败，工人反能更加团结坚固，声势日大。

安源工人在“二七”失败后，不独没有被资本家取消已得的利益，并还争得不少的胜利条件：如矿局每月津贴工会教育经费一千元，每日工资在一元以上之工人增加工资百分之五，学徒每年考查成绩一次，以后矿局增加工人工资须通知工会同意，路局按月送给工会长期免票三张，年节、中秋、端阳工人回家者咸用半票，矿局增加工人或添补工人尽先由工会劳动介绍所介绍等，都是“二七”后所争得的利益。此外还争得各种小的部分的利益，不计其数。

安源工人在“二七”失败后，创办了不少的事业。如设立工人学校七所，工人读书处五处，工人图书馆一所，有工人子弟学生七百余人，工人补习学生六百余人。又办有消费合作社二所，资本二万元。建筑大讲演厅一所，能坐听众二千人，购买房产三栋……现在安源的工人，作完了工可以读书，可以看戏，可以听讲，又可以做各种游艺。子弟读书不要钱，秩序有自己的纠察团维持，不受兵警的蹂躏；犯事有自己的裁判委员会裁判，不致受腐败法庭的虐待；青年工人有工会的青年部游戏教育，不致年长失学；买东西有自己工会的合作社，不致受商家的剥削。此外工会订购有各种报纸，印刷各种传单小报，及工会纪念册等，工人处处都可看到的。

安源工人在“二七”失败后，各种大的会议及示威运动，仍是继续公开的举行，并无一时停顿。如两次“五一”纪念，均举行大游街，一万三千会员，个个加入。罢工胜利纪念，“二七”纪念，列宁、李卜克内西纪念，黄、庞纪念，十月革命纪念等均有数千人之公开集会，游行讲演，及扮演新戏等。此外如学校之游艺会，成绩展览会，及各例定代表大会等时常举行。每次游行及集会，群众精神异常振作，秩序异常严肃，旗帜、口号、呼声等，莫不惊振一时。

安源工人在“二七”失败后，不独强固自己的工会，竭力向前发展，并于援助同阶级的伙伴和谋全国工人的团结上，尽了很多的力。如以经济援助唐山、京汉、水口山、汉阳铁厂等处失业工人者近二千元；援助株洲、长沙被水灾的难民千余元；又尽力联络各处工友组织汉冶萍总工会、湖南工团联合会、粤汉铁路总工会，又加入全国铁路总工会，并每月缴纳各总工会联合会之月费一百五十元。

“二七”失败以后，全国各处的工会都被军阀解散，反动势力弥漫全国。处在这样黑暗的环境里面，安源工会的事业却呈现出光明的生机，军阀和资本家的破坏手段屡遭失败，依然不敢用军队去压迫和解散。刘少奇认为，关键的一点就是工友能够齐心，能够奋斗，又能够看清环境。他写道：

“二七”失败后，军阀资本家向工人进攻，安源工会在那时候，能够立取守势，叫工人团结内部不要乱动，不要骄傲，莫假敌人以破坏之机；又能乘着资本家与军阀勾结未深，资本家内部党派分歧之际，拉拢地方绅商，制止资本家之破坏手段。资本家之诡计无从施展。工人反能借资本家破坏工会之口实，提出种种要求，资本家内部党派分歧，彼此都想凭借工人势力，推倒异己，巩固自己地位，结果，工人得利用其党派（分歧）取得种种实际的利益，不为任何派别利用。此为阶级争斗的手段，巧妙复杂，除“二七”以前所用之硬的方法外，还有软的方法，也可以对付资本家致胜。

安源，市镇甚小，工人集中，每当工会危急之际，个个工人无不拼命保护工会，常自动的做侦探，把口子，四处逡巡，日夜不息，满市只见工人密布，如何尽力维护工会，如何向资本家示威恐吓。如有工贼，工人即群起提至工会，加以惩戒，或在工人寄宿舍禁止自由行动。所有各军警及重要机关，与邮政、电报、电话等交通机关均有工人暗中把守。如此在一小市镇之中，万余工人全体动员出发，资本家稍有动作，工人即刻知道。如是资本家的秘密不能保守，行动不能自由，工贼的破坏无从下手。在工会方面的，一切秘密反能保守，行动反能自由，工会能够知己知彼，所以百战百胜。资本家彼此消息不能互通，更不知道工会的消息，所以百战百败。如果资本家以军队包围工人，工人即包围工厂，包围资本家、职员等，要死即行大家死在一块，资本家终有投鼠忌器之忧，不敢与工人流血，又工人每当工会危急时，内部意见及扯皮打架等事即刻完全消灭，一心对外。资本家当这种时候，意见就更加分歧、互相倾轧。故安源工人能够齐心、奋斗，所以能打破一切障碍，拥护自己的工会日见坚固发展。

事实上，安源工会在全国工人运动低潮时能够“硕果仅存”，共产党人发挥了重要的领导作用。资料显示，1923 年，全国的中共党员不过 400 多名，安源就有 60 名，而且大都在工人组织中承担领导责任，这就保证了党从思想上、政治上和组织上对工人运动的切实领导，有利于工人的团结、工会的统一和斗争的胜利。

总结罢工斗争的经验教训

罢工是工人反抗资本家压迫、剥削的主要斗争形式，中国第一次全国性的工人运动高潮，实际上就是各地工人罢工运动的集中爆发的体现。

“二七”失败后，罢工斗争依然此起彼伏，大都由共产党人组织、发动和领导。因此，党的高层领导十分注意总结经验教训，并且宣传给更多的工人群众。

在 1924 年的《中国工人》创刊号上，赵世炎发表了长篇译稿《罢工的战术》（署名“士炎”），分为“政策、战术、战略”“国家的军队与工会的军队”“罢工的种类”“支持罢工的条件”“爆发的运动、零碎的罢工与战斗的组织”“在阶级斗争中罢工的意义”“怎样才能得到胜利？”七个部分，全面介绍赤色职工国际的经验，指导国内罢工运动。

与此同时，项英、邓中夏等人也在《中国工人》上发表文章，总结中国共产党人领导罢工斗争的经验和教训。

1924 年 4 月，上海南洋烟厂资方任命因工人反对而离职的前工会会长邝公耀为工务稽察长。邝公耀上任后，策动厂方取消已实行的工人病假期间发工资的规定，并制定了 30 多项苛待工人的管理条例。不久，厂方又无故开除 10 余名工人，工会交涉无效，两名工会代表亦被开除，由此激起公愤。9 月 9 日起，7000 余名工人罢工抗议，资方两次雇用流氓打手持械痛殴工人，相继开除了 1700 多名参与罢工者，通缉工会人员，强迫工人开工，罢工斗争最终失败。

同样是在《中国工人》创刊号上，项英发表了《南洋烟厂罢工失败的原因与所得的教训》（署名“德龙”）一文，明确提出罢工应先具有两个必要条件，一是强固的组织，二是时机。他写道：

> 此次南洋烟厂罢工，在组织上虽有一个“职工同志会”，实际上却只限于一部分长工工人，其他四五千散工都没有组织在里面，这种缺破无力的团体，平时在工友中，就容易分加入及未加入的不好界限，感情也不易融洽，一经罢工，当

然不能统率全体工人成一精密组织的战线，在自己军队中就发生使人乘际而入的缺点。资本家一威吓利诱，一般未加入工会的工人，就容易被煽惑来破坏罢工，这是罢工失败的第一个原因。烟草业在社会上不占重要产业地位，此种消耗品之有无，在社会上亦不发生重大影响，同时在江浙战争中，香烟销路亦随之受了影响，资本家对于生产上不视为重要甚欲减少生产的时候，故罢工不足引起资本家的恐慌，这是一定的事实。罢工时资本家的态度，所以异常强硬，从容不迫的来施行压迫破坏的手段。这是罢工失败的第二个原因。

项英分析认为，从南洋烟厂罢工的失败中，可以得出两个主要教训。其一，工人和资本家处在利害相反的地位，“并无妥协调和之可言”，不是资本家将工人压迫下去，就是工人将资本家打倒，除了阶级斗争外没有别的办法。其二，工人利益只有靠自己的力量来争取。国民党白纸黑字宣言保护农工，但连它的机关报《民国日报》都不肯为工人说一句话，因为“他们只认得大洋钱，哪里还顾我们工人的死活”。

与国民党报纸的态度相反，中共中央机关报《向导》周报曾连续发文揭露资本家破坏南洋烟厂罢工的卑劣手段，《中国工人》第二期发表李立三的《谁是友？谁是敌？》（署名“能至”）一文，提醒工人要从国民党报纸的反动行径中分清敌友。毛泽东也在《政治周报》上发表文章，谴责《民国日报》在南洋烟厂罢工期间的反动行径。

南洋烟厂罢工虽然失败了，但它“冲破了1923年以来工人运动的消沉状态，显示了活跃的征兆”，工人阶级的斗争并未停止。

1925年2月9日，上海日商内外棉纱厂工人为抗议资本家无故开除工人并拘捕工人代表举行罢工。在共产党员邓中夏、刘华等组织领导下，沪西工友俱乐部提出不得无故开除工人、增加工资、承认俱乐部有代表工人的权利等要求，遭到资本家拒绝，罢工迅速扩大，至2月19日已有22个工厂4万多名工人参加。

日商利用工贼破坏罢工，出动军舰示威，唆使军阀政府干涉，均未得逞。罢工斗争坚持18天后，日本资本家被迫与工人谈判，签订了不得无故开除工人等4项协议，罢工胜利结束。

上海日商内外棉纱厂的罢工斗争，被邓中夏誉为“‘二七’后一个空前的伟大运动”，为后来的五卅运动创造了有利条件。1925年4月，邓中夏在《中国工人》第四期上发表了《上海日本纱厂罢工中所得来的经验》，坦承这次罢工“时机是碰巧的，并不是选择得来的”，而且“组织是不完备的，坚固更说不到”，但是，工人领袖“在万分危急当中竭心尽力运用种种战术……终于得到相当的胜利”。

邓中夏认为，“这些战术是很可宝贵的经验”，也是“这次相当胜利的主观原因”。为此，他实事求是地总结了这次罢工斗争的六条主要经验：

（一）事先领得工钱——内外棉第八厂粗纱间开除工人，

是二月一日的事，这消息传布后，工人奔走相告，群谋对付。同间的夜班工友，迫不及待，便先行罢工起来。工人领袖们见此情形，极力劝告“莫乱动”，劝告“领得工钱再举”，百端解譬，方才稍稍安贴，并在此时期中极力联络各厂工友。至八九两日领取工钱完毕，突于九日的下午四时宣布罢工。这样一个长的时间和大的数量之大罢工，假使当日不领得此项可以支持半个月生活的工钱，那么不出一星期，工人便要因生活恐慌而归于失败了。所以事先领得工钱，是罢工时要注意的。

（二）临时组织得力——群众平日既无完善的组织，又无相当的训练，自然一到罢工，就显出一种原始状态，乱如纷丝，不可疏理，狂如怒马，不可羁勒。幸而工人领袖们当罢工酝酿时，秘密的组成了一个“总指挥处”……指挥机关既定，所以罢工发动后，一切措施才没有慌张。一面于大会中宣布“工会”成立，由各厂择其勇敢能干者为该某厂代表，组织“代表会”。再一面组织“纠察队”，维持秩序，安慰人心……费尽九牛二虎之力，方把数万群众部署在工会的指挥之下。工人要有战斗的组织，才能战胜资本家，即或平时没有，临时也应用神速的手段组织起来，这也是罢工时要注意的。

（三）口号适当——九日下午四时罢工发动后，五个厂一万余人蜂拥出厂，当有旗帜引导到一个大坪里开露天大会，台上一面大旗，便是“反对东洋人打人”斗大的七个大字。这个口号可说是将工人身受的隐痛简当明了的描写出来了，自然刚刚打在他们的心坎上，所以一经传开出去，不特是已罢工的工友看到眼底，至于心酸涕零，就是未罢工的工友听到耳里，也不觉深深感动，而一致同情的罢起来了。就是后来颇得社会上之同情援助，以及官厅起初之不大压迫，和反动派（如工贼，研究系，国民党的一些所谓“护党党员”）之稍存顾忌，这个带有民族性的口号都是有相当的力量的。其副口号如“中国人抱中国人的义气，工人抱工人的义气”；“大家一条心，反对东洋人；大家一条心，反对资本家”。又都是工人自己的俗语所构成，自己的意识所凝集，自然一听得就风靡一时勇气百倍了。

（四）传单得力——应付有对内对外两方面。这次大罢工，对内尤难于对外。因为罢工的群众既这么大，平日的组织和训练又那么欠缺，不能安内，何以攘外？虽然工钱领得，目前生活不生问题，然而一时激于义愤而随众罢工起来了，及至回家蒙头一想，人人心目中不免引起一个“罢工期间取不得工钱”、“罢工失败停掉生意”种种的恐慌，况乎家人的交谪，厂家的恫吓，走狗的挑拨，更是纷至沓来，怎不人心惶惶。到此时，“镇定军心”和“鼓励军心”是当前的大问题了。固然此时工会每日要将消息和办法揭条宣布，并要寻事给群众做（群众是不甘寂寞的，故必有事做，但切忌天天雷同，不知变化），使群众不致因无指望或无事干而怀疑，冷淡以至于颓唐，然而关于道理的解释，谣言的揭破，消息普遍的流传，敌方弱点的露布……都靠文字的传单。（但传单要注意简当明了，最好用工人自己的话。）所以传单可说是罢工战线上的子弹，一日没有它，人心便恐慌起来了。

（五）对准敌方弱点猛攻。……日本资本家最恐惧的是怕打坏厂中机器，于是工人又准对着这一个弱点猛攻，罢工的第二日，便乘其不备，率队打入第九厂、第十三厂、第十四厂，捣毁一些机器，以为暴力的示威，其后工人领袖暗中虽极力制止群众不继续“打厂”政策，而在外仍然扩大并普遍“打厂”的宣传，而以“里应外合”、“从里面打出”做口号。日本资本家听闻之下，那不得魄散魂飞，心惊胆落？最后虽明知工人方面日就疲敝，只须再忍痛一星期，工人便会失败，然而亦不得不容纳调解者之请，与工人开对等会议，作相当的让步。苟不如此，工人愤气尚是填满胸臆，进得厂来，难保不再生暴动，后患在在可虑，前途不堪设想，这是日本资本家胸中雪亮的。

（六）有自卫的特殊组织——罢工起后，因为工人的大本营在纱厂的对门河中国地界，为租界权力所不及的地方，这个地方荒僻得很，仅有小小茅屋数十家，起初并未为中国官厅所注意……工人在此四面八方破坏压迫之中，不能不有自卫的特殊组织，除总指挥处已秘密组织“护卫团”外，又公开组织“义勇队”。所有领袖和加入做队员的，都要歃血为盟，宣誓，其誓辞如下：“反对东洋人到底，不占面子不上工，保卫工会，铲除工贼，同生死，共患难，听总队长的话，如有假心，天雷打死。”这有此组织后，一班破坏奸徒，相戒不敢过河，于是大本营得以相安无事。

此外自然还有许多：如领袖到紧急时勇于牺牲；运用种种方法使有意破坏罢工的分子软化；善于收拾罢工；对军警煽动以减少他们被驱使来压迫罢工的愚蠢行为；利用民族口号抵制中国官厅之压迫等等，限于篇幅，暂行从略。

上海南洋烟厂和上海日商内外棉纱厂的两次罢工斗争，前者失败，后者成功，个中的教训值得吸取，个中的经验值得借鉴。《中国工人》刊载的项英和邓中夏的这两篇文稿，高屋建瓴地总结了两次罢工成败的不同结果，“两个主要教训”和“六条主要经验”对于后来的工人运动有着重要指导意义。

关注工人阶级劳作与生活的苦况

创刊之初的《中国工人》，重在传播马克思主义思想，指导党领导下的工人运动，使得理论文稿和分析文章占了很大篇幅。同时，作为党创办的一份名称里有“工人”两个字的重要刊物，关注工人阶级劳作与生活的痛苦现状，揭露军阀和资本家对工人的压迫、剥削，也是《中国工人》的初心和情怀。每一期刊物上，或多或少都有相关内容。

1924 年 6 月，李大钊赴苏联参加共产国际第五次代表大会时，看到有关上海童工问题的调查——上海 275 家工厂，童工达 17.3 万人，其中 12 岁以下童工就有两万多人，最小的女童工才 5 岁。李大钊深以为虑，写信给《中国工人》编辑部，署名“守常 莫斯科来信”在 1925 年第四期上刊出《上海的童工问题》。他写道：

又据他们的调查，上海的下层劳工（如苦力、人力车夫等）的所得，比中国任何地方，算是较高的，平均计之，苦力月得十五元，人力车夫月得八元，而一人及其妻眷的生活费，最苦的月亦须十六元，方能过活；今其所得，最多者且不过十五元，上海苦力及人力车夫生活的苦况，可想而知了。中国乡下儿童的身体尚好，至于都市儿童的身体，都在西方各国的准位以下，含有结核性的病症，流行极多，而以上海为尤甚；上海工人在身体上精神上都受极重的损伤，而以童工为尤烈，这都是长时间工作疲劳过度之所致。童工被（雇）佣于家内铺店、小工厂、家庭工业、洗衣房，并建筑业及大工厂等。女童工间有沦落而为娼为婢者。徒弟的年龄，以工作的性质而有不同，其期限，则依惯例为五年。在此期间，普通多不给报酬，即偶有给予报酬者，其数亦极少。很多的不过六岁的童工，在大工厂里作工。十二小时内，仅给他们一小时的工夫去吃饭。他们大都是站立着作工。分日夜两班换班，直到一星期终了的时候，才停一班。

工钱只按工日给予。一天的工钱，至多不过二角。工作场所的卫生设备极坏。那些儿童，多由包工者（Contractor）由乡间招来，一个月只给他们的父母银二元，而包工者则一个月由工厂主得到银四元。那些儿童们的衣食住，均极惨苦，而不得一钱。作了工厂主和包工者的小奴隶，听他们的剥削而不自知，真可怜啊！

李大钊在信中描述了不同工厂里童工的惨况。棉纺厂通风设备不良，每班工作13个半或15个小时。纺纱部童工最多，长时间站立工作。有些童工太疲乏了，就藏在角落或棉花堆里偷睡片刻。缫丝厂几乎全部是女工。资本家认为“一个小孩可以当两个成人用”，因此“欢迎”使用童工。女童工多做刷茧、剥丝工作，必须赤手在热水中捞茧子，没有任何防护。每天提前15或20分钟到岗报到，从早六点到下午六点，工作12个小时，除去吃饭一小时，要一气站五六个小时。室内温度高，湿度大，极易疲劳。她们的工钱每天二角或二角五分。女童工“身体和精神上都是很不幸的，有时且受到成年工人的不良感染与虐待”。火柴厂的童工，最小的才五岁，已经做得很熟练了，每天工钱九枚铜元。火柴中的白磷有毒，伤害工人的健康。火柴盒为外加工，大多为母亲带着孩子做，糊一千个内盒，九枚铜元；外盒则为七枚，一般母子三人一天可糊两千至三千个。

涉及童工问题，当时的政府组织和民间机构有过各种建议，比如“禁止使用10岁以下童工，4年内将年龄限制提高到

14岁”，比如“租界内暂不禁止童工做夜工，留待4年后再议”，比如“设监察机关，对违禁者查明处以惩罚或罚金”。但是，这些建议的前提都是保留童工的存在，禁止童工做夜工的问题索性推到“4年后再议”，监察问题也只是说说而已。李大钊写道：

> 残民的北京政府和租界的外（国）人行政机关，断乎不会施行为保护童工利益的行政的。为拥护这十七万三千二百七十二人的利益和免除他们的损害，非赖上海的劳工团体的本身不可，为帮助他们智能的发育、娱养的得宜，非赖上海的献身于无产同胞的青年团体不可。吾侪身在苏俄，目睹工人儿童的幸福、娱乐、教育，不禁想起这一班沦于黑暗生活中的十七万多的幼年群众。因特函述其要，愿贵报记者及留心社会的青年同志们，看一看你们的小朋友们的生活状况，是如何的悲惨，如何的痛苦，而设法以改进之，幸甚幸甚！

这一时期，《中国工人》刊登的工运动态和读者来信大多来自山东，这既是因为创刊之初的通联渠道尚在建设中，也与当时各地工人运动发展不平衡有关。即便如此，《中国工人》反映的工人劳动与生活的痛苦状况，依然称得上触目惊心。例如1924年《中国工人》第一期“劳工消息”中记载，山东博山悦升公司矿井透水，淹毙工人三十六人。死者半数无家属，矿方不必赔偿，对有家属者，给抚恤金五十吊，不及一只猪钱。而矿上误伤矿政局长的小舅子，却赔偿了一千二百块大洋。再如1925年《中国工人》第四期《工人何等痛苦！》一文中记载，博山车站附近轻便铁路，全长二十五里，专门从周围二十多个矿井运输煤炭。从事这项工作的有一千余工人，他们每天工作从早五点到晚八点，没有休息日。要跑两次约百里，每次报酬六十个铜子，这一百二十个铜子，其中十个要“孝敬”把头，吃饭要五十多个铜子，一份咸菜要四个，抽烟要六个。由于跑路磨损，每隔四五天就要买一双鞋，至于衣服，由于铁路地处偏僻，工人基本赤身干活。如果生病，等于就是死期，工人会被资本家直接赶出去。最可怕的是工作中的生命危险，由于铁路是斜坡，往往发生车脱轨或前后车相撞的事故，随车工人常常被撞得血肉横飞，死者有家眷的或可侥幸得到二十元抚恤金，更多的只能白死。

在展示工人苦难生活的同时，《中国工人》向“全中国的工人伙计们”发出呼吁，“没有人能援助我们，只有赶快大家齐心齐意团结起来，共同谋目前的生活安全，生命的保障和最后的工人阶级的解放，扫除一切压迫掠夺的阶级”。

为此，《中国工人》理性分析工人运动存在的问题，“一是无远大眼光，二是部落观念太深，三是投机色彩太浓”，继而提出尽快提高斗争能力和水平，防止工人对工会的热情渐渐消沉，被资本家利用派别观念挑动相互倾轧，放弃对真正的敌人的反抗。

这些真实揭露残酷现实、强化工人阶级团结的声音，显示出《中国工人》启蒙劳动大众的特殊作用和强大力量。

邓中夏为李启汉“喜极而泣”

1924 年 11 月，《中国工人》第二期刊发《启汉同志出狱！》，同时刊发邓中夏在李启汉出狱当天写的诗，直言“喜极而泣”。《启汉同志出狱！》写道：“最亲爱的工友们，我们的健将出来了，我们的先锋出来了！但是我们还有许多的先锋和健将被军阀监禁在北京、保定、洛阳、天津各地的牢狱里，我们赶快和出狱的同志努力向前奋斗呀！”

《中国工人》为什么这样欢呼李启汉的出狱？邓中夏为什么要“喜极而泣”写诗庆贺？其中缘由，不仅因为李启汉是“无产阶级的先锋，劳动运动的健将”，更因为邓中夏所言——中国共产党“坐狱最早最苦的同志，要以李启汉同志为第一人”。

李启汉生于 1898 年，五四运动中参加长沙爱国学生运动，曾作为湖南学生代表与毛泽东等赴北京请愿，要求驱逐军阀张敬尧。1920 年，李启汉加入共产党上海发起组，成为中国共产党创建时期最早的党员之一。他创办了上海第一家工人补习学校，在工人中进行通俗的马列主义宣传，号召大家团结起来，组织工会，与剥削者进行斗争。他曾任中国劳动组合书记部秘书兼《劳动周刊》编辑，发表《工友们，我们为什么要分帮》和《请看谁打仗》等文章，呼吁工人团结起来，一致对敌。张国焘去苏联后，李启汉负责中国劳动组合书记部工作。

邓中夏与李启汉有着深厚的革命情谊。早在 1919 年 5 月，在邓中夏的帮助下，李启汉进入北京大学旁听，一年后又经邓中夏推荐到上海华俄通讯社工作，并由此结识了陈独秀、李达等人。党的一大召开前夕，邓中夏来到上海，见到了工人装束的李启汉。按照邓中夏的建议，李启汉来到烟厂工人聚集地吴家厅刘公庙，秘密发动英美烟草公司工人罢工。在革命斗争中，李启汉多次被捕入狱。1922 年 1 月，香港海员大罢工爆发，李启汉在上海成立后援会，阻止工头为香港英国轮船公司招募新工人，遭当局逮捕，经营救出狱。6 月，租界工部局以“在《劳动周刊》上发表可能引起骚乱及破坏治安的文章”为由，将李启汉逮捕并判刑 3 个月，《劳动周刊》亦被勒令停刊。9 月，刑满后的李启汉被上海公共租界工部局以“驱逐出境”为名，引渡给上海“护军使署”，钉上几十斤重的脚镣手铐，在龙华陆军监狱继续关押。中国劳动组合书记部发出《告全国工友书》，要求释放李启汉。

邓中夏念念不忘这位特殊的战友，积极组织营救，决定由沈雁冰联系上海工商界知名人士设法保释，但都无果。直至 1924 年 10 月 13 日，邓中夏、李立三和刘少奇一同来到龙华陆军监狱门口，才终于迎来了重获自由的李启汉。

回到住地，邓中夏感慨万千，以“启汉出狱，喜极而泣，诗以志之”为题，赋诗三首，全部刊登在《中国工人》上：

一

阴森黑暗的狱囚，
冰冷沉重的镣铐，

粗沙巨细的牢饭，
哦哦！我们的战士！
苦了你了！
屈指算来，
已是两年四个月了。
你的神彩似乎比从前还光辉了些。
但是，你乱蓬蓬的发呢？
你短鬑鬑的须呢？
呵！出狱时剃去了。
但是，解开你的衣襟，
笞疤减去了没有？
脱下你的足袜，
镣痕销去了没有？
呵！斑斑犹存。
我涔涔的泪流了。

二

你莫往下细问罢！
浦东之破灭，
开滦之败北，
京汉之流血，
都不过是几页的伤心史呀。
保定狱里的伙伴，
洛阳狱里的伙伴，

北京狱里的伙伴，
天津狱里的伙伴，
都不减于你今日以前的痛苦呀！
哦哦！我们的战士！
你莫再往下细问罢。
我涔涔的泪流了。

三

你出来了，
你我的责任更重大了。
你看——猛虎一样的军阀呀！
巨蟒一样的帝国主义呀！
毒蝎一样的资本家呀！
他们联合着——而且紧密的联合着，
长蛇般向我们进攻了；
铁桶般向我们重围了；
磐石般向我们压榨了。
哦哦！我们的战士！
准备的迎战！
准备的厮杀！

经过出狱后短期的休整，李启汉主动请缨南下，到湖南水口山、锡矿山去开展工人运动。1925 年 5 月，第二次全国劳动大会在广州召开，李启汉当选中华全国总工会执行委员会委员兼组织部部长。1927 年 4 月，广州发生反革命叛变，李启汉再次遭到逮捕，被秘密杀害，年仅 29 岁。

“五一”纪念与第二次全国劳动大会

1925 年 5 月出版的《中国工人》第五期是“五一特刊”，特别刊出《五一纪念略史》，回顾了“五一”与中国工人运动的联系与发展，有些细节颇为珍贵：

> “五一”纪念日，与中国工人发生关系极迟，一九一三年的“五一”纪念日，在中国南部的广州，由华侨工会、机器工会和社会主义者联合举行庆祝，那天其他的工会，也有派代表到会，但是没有什么的议决和运动，从这次起“五一”纪念日跟南方各工团发生了关系，并波送到北方各地的工人脑海中去了。
>
> 一九二一年，京汉铁路工人在长辛店开了一个很热烈的纪念大会，到会的工人，将近两千人，演说的人很多，同时京奉路的唐山，也举行“五一”纪念大会；并由中国劳动组合书记部，发刊了两种小册子，一名《五月一日》，一名《我们的胜利》！印了好几万本，发散于各大工厂，各大城市《新青年》杂志亦出了五一特刊号，从此“五一”纪念日，与中国工人阶级发生了密切的关系，而中国工人已渐渐

的觉悟过来，组织团体，开始向资本家进攻了。

在回顾1922年的“五一”时，《五一纪念略史》提到了中国劳动组合书记部召集第一次全国劳动大会，并选定5月1日开幕以纪念这个节日，“促起中国劳工阶级的大团结，向国内军阀和国际资本帝国主义进攻”。该文章写道：

> 是时正当香港海员罢工胜利的时候，湖南军阀赵恒惕惨杀黄爱、庞人铨的血还未干的时候，工人阶级的同情心如潮水般的迅涨，大会聚集了全国各铁路各矿山各城市及海员等工会代表百余人，将这种精神，完全表现了。五月一日开幕的典礼，差不多完全成了工人代表革命演说的盛会。演说过去了之后，广州五万工人举行“五一”纪念大游行；并欢迎代表大会，且提出几种口号，“打倒军阀！”“推翻国际资本帝国主义！”“实行八小时工作制！”“我们往后决以实力完成永不作八小时以上的工作！”；并委托劳动组合书记部，于次年的五月一日，召集第二次全国劳动大会。

依照《五一纪念略史》的记载，1923年京汉铁路大罢工被军阀吴佩孚暴力压制以失败而告终，中国北方的“五一”运动完全沉寂了。1924年的“五一”，湖南、广东工人有盛会，北方的工人团体在北京师范大学开纪念会，到会五百余人，有沉痛演说，会后还印了许多传单贴遍了北京街头及各胡同口。直到

1925 年，全国铁路总工会、海员总工会、广东工人代表团、汉冶萍总工会发起纪念日，在 5 月 1 日这天“召集第二次全国劳动大会”。

第五期《中国工人》出版时，第二次全国劳动大会已经闭幕，首篇即刊登了时任中共中央执行委员、中央农工部主任、中国劳动组合书记部主任张国焘（署名“张特立”）给第二次全国劳动大会的祝词。

同一期，《中国工人》还发表了邓中夏所写的《劳动运动复兴期中的几个重要问题——贡献于第二次全国劳动大会之前》，详尽论及第二次全国劳动大会的任务，其中有些原则，至今仍对工运事业和工会工作有指导意义。文章写道：

> 一、组织问题
>
> 大家都知道，资本家是最少数，我们工人是最大多数，但是我们向资本家反抗奋斗，往往是我们失败，资本家胜利，这是什么原因呢？旁的原因固然有，而最重要的原因，还是我们没有组织，或者组织不好……所以我们人数虽众，我们如不紧紧的组织起来，组织得像军队一样，那么向资本家作战是没有用处的。所以组织问题是我们当前的第一个重要问题了。
>
> 首先要弄明白的，就是我们的组织，决不是什么同乡的组织，也不是什么帮口的组织，他是一个阶级的组织。只要是卖劳力赚饭吃的工人，便是同一阶级，便应该不分籍贯、

性别、老少都组织在一起。因为同一阶级的人，所受的痛苦是一致的，要求的利益也是一致的。

工会组织的系统应该是这样："支部"设一"干事会"；"干事会"之上有"工厂委员会"；"工厂委员会"之上有工会"执行委员会"，便成为某个产业机关的工会。再由此地彼地同一产业的工会，组织全国某产业总工会"中央执行委员会"……"支部"是工会的基础……是训练工友的养成所……是便于战斗的武器。

关于组织的系统，我们还有两点要说：一是"地方组合"，就是不论你是哪一个产业的工会，只要是在一个地域内，都得联合起来，共同组织一个某地方的"工团联合会"。二是"全国组合"，就是不论你是哪一种产业的总工会或哪一地方的工团联合会，只要是在一个国境内，都得联合起来，共同组织一个某业的"全国总工会"……我们这次大会，讨论组织"全国总工会"是绝对必要的。我以为决定这次大会成绩有没有，头一件便看"全国总工会"成立不成立。

二、经济斗争问题

在帝国主义和资本制度没有根本推翻以前，工人阶级的经济问题是不能够得到圆满的彻底解决，这是我们大家一致确信而无疑的。但是我们在此时亦应尽我们所有的力量，为经济生活的改善而奋斗，奋斗到帝国主义和资本制度根本推翻为止。

我们现在提出经济斗争的几个大的目标来：（一）八小

时工作制；（二）最低度的工资；（三）反对一切虐待；（四）女工童工生活的改善；（五）劳动保险。

末了，我们须得郑重一说的，就是一个经济斗争，同时也是政治斗争。我们千万不可专为经济斗争的狭隘意义所囿，而忘记了政治斗争。须知经济问题与政治问题有绝对之关联，如政治问题不解决，经济问题绝对没有解决之可能。所以我们须把经济斗争接连着政治斗争乃有意义。这是我们不可一时忘记的。

三、争自由运动问题

我们历年来所受不自由的痛苦不少了，我们自“二七”以后更感觉着自由是我们的第二生命。因为没有自由，便不能使工会发展；没有工会，便不能取得和保障经济利益。所以自由是工人阶级所急切需要而不可少的东西，简直和菽粟水火一般……我们争自由的大目标是三个：（一）组织工会的自由；（二）集会言论的自由；（三）同盟罢工的自由。

四、参加国民革命问题

故国民革命是无产阶级解放运动之必要的初步。因为资产阶级固然是我们的仇敌，而帝国主义和封建军阀尤其是我们目前最厉害的两个仇敌。我们必得参加国民革命先打倒这两个最厉害的仇敌，得到初步的解放，再进而实行社会革命，打倒资产阶级，以得到全部的解放。总而言之，无产阶级参加国民革命，不是附属什么资产阶级而参加，乃是以自己阶级的目的而参加，所以我们在国民革命中应以自己阶级的利益为前提的。

五、工农联合问题

工人与农民，因地位关系，利害关系，可说是天然的同盟者。

我们工人固然不能忽略了城市劳动者之紧紧的团结，然而为增厚援军以打倒共同敌人，亦不能忽视了与乡村中农民之紧紧的联合，因为农民占全国人口百分之八十，其数量远超过我们数百倍以上。我们工人阶级要领导中国革命至于成功，必须尽可行的系统的帮助并联合各地农民逐渐从事于经济的和政治的斗争。假使没有这种努力，我们希望中国革命成功以及在国民革命中取得领导地位，都是不可能的。

六、国际联合问题

我们不仅是此一国与彼一国的无产阶级要联合，而且扩而大之，全世界各国间的无产阶级要有总联合，因为自从资本主义发展到帝国主义，他们掠夺无产阶级的方法国际化了。在经济组织方面，他们有所谓“托拉斯”“星迪加”；在政治组织方面，他们有所谓“国际联盟”。这些是他们集中力量压迫世界无产阶级的好工具；在这样组织的下面，这国的资本家与那国的资本家连成一气，不分彼此的共同对付工人阶级。假使我们工人阶级不越过国界联合起来共同对付资本家，我们真会死无葬身之地了。

邓中夏阐述的这六个问题，可以说是代表中国共产党提出的主张，并且在第二次全国劳动大会上得到了认定，在大会通过的《工人阶级与政治斗争的决议案》《经济斗争的决议案》《组织问题的决议案》《工农联合的决议案》《第二次全国劳动大会宣言》中都有所体现。

正是在第二次全国劳动大会上，中华全国总工会正式成立，实现了中国工会运动的统一和中国工人的团结。大会选举产生了中华全国总工会第一届执行委员会，推举林伟民为委员长，刘少奇为副委员长，邓中夏为秘书长兼宣传部部长，并决定中华全国总工会加入赤色职工国际。

广告、发行与停刊

作为公开发行的刊物，每期《中国工人》都刊登广告。不过，这些广告“推广”的都是中共党刊或工人期刊，显然不是为了经营获利，更应是党的红色刊物的联合宣传。《中国工人》刊出的广告，涉及《向导》周报、《新青年》、《上海工人》、《农工旬刊》等。

《向导》周报，在帝国主义与军阀双重压迫之下的中国人民，只有看了在中国言论界已有了两年生命的《向导》周报，才能得着解放的道路！

本周报每期有一万一千余字，揭破帝国主义侵略中国之阴谋，分析南北军阀祸国殃民之原因，批评国民运动当中之错误政策，指出中华民族解放之真正道路。

价目：国内一元寄足四十期，国外一元寄足二十五期，邮费均在内。另售每份大洋三分。通讯处：北京大学第一院收发课转郑子明。代售及订阅处：各省各大书坊。代派章程：二百份以内七折，二百份以外六折，十期清算一次。

《新青年》季刊，《新青年》曾为中国革命思想的先驱，今后更为中国无产阶级革命的罗针。革命的中国新青年，应该要读指导革命理论的《新青年》。本刊现已出至第三期。发行所：广州新青年社。代售处：全国各大书坊。

点起一把火来，把我们工人现在所处的黑暗地狱，照得通红了，使我们工人都明白了自己所站的地位，和脱离地狱的路途！这把火就是——《上海工人》。每星期出版一次，每期定价铜元一枚。

《农工旬刊》，《农工旬刊》是为农工阶级之口舌，以发表农工被压迫之状况；是为农工阶级之联络机关，以联络各地农工之感情与运动；是为农工阶级之顾问，以灌输农工以常识；是为农工阶级之战将，以拥护与增进农工之利益。发行通讯处：广州仓边街仁和里仁和新街三号二楼，每期售铜元二枚。

《工人周刊》，《工人周刊》是全国铁路总工会的刊物，他是全国劳动运动的急先锋，他曾指示过全国轰轰烈烈的京汉罢工，他受军阀帝国主义的压迫，死而复活者不知几多次，现在他又经过“二七”失败长期停刊之后重新恢复了！他以后更要继续他从前的使命——为全国铁路工人谋利益，指导全国铁路工人得到最后的胜利。他现已出至第九十三期，每期只收铜子一枚。

《香港劳动周刊》，《香港劳动周刊》是香港劳动界唯一无二的口舌，他已经有了一年多奋斗的历史，他现在更努力的为劳动阶级谋利益，凡我劳动同胞，不可不读《香港劳动周刊》。《香港劳动周刊》现已出至第七十期，愿爱读诸君请函香港摩罗下街四十四号二楼该社索寄可也。

《苦力周报》是长沙工友的喉舌，《安源旬刊》是安源工友的喉舌，《武汉工人》是武汉工友的喉舌，《山东工人》是山东工友的喉舌。

以上各种刊物，上海书店都有寄售。

《中国工人》广告中的这些刊物都是公开出版发行的，自然都有自己的定价。定价既取决于办刊成本，也反映市场供求，直接关系到各种刊物的读者对象。

《中国工人》第一期共 36 页，定价每期铜元 4 枚；第二期增至 63 页，编辑部发布启事称，“本期因篇幅扩充，印刷费增加，特照原价加收一倍，每份售铜元 8 枚，望读者原谅”；第三期共 38 页，恢复原价铜元 4 枚；第四期和第五期都扩充至 86 页，定价铜元 20 枚；第六期总篇幅为 80 页，定价则为大洋一角。

那么，当时的市场购买力又是什么情况呢？

20 世纪 20 年代，上海 1 枚银元可换 154 枚铜元，4 枚铜元约合 3 分。以此类推，8 枚铜元约合 6 分，20 枚铜元约合 1 角 5 分。按照当时的物价，4 枚铜元可以买约 1 斤青菜，20 枚铜元可以买 2 斤大米。根据 1927 年光华书局出版的《中国劳动问题》一书的记载，20 世纪 20 年代上海典型市民五口之家（相当于 4 个“等成人”消费）的生活水平，每月 66 枚银元为中等家庭，每月 30 枚银元为贫民下等生活的分界线。当时，中等家庭在上海工人中仅占约 4%，这意味着绝大多数工人都处于下等生活水平。

根据上述换算，购买一册《中国工人》的花销，相当于购买 1 斤青菜或 2 斤大米。对于迫切需要理论指导、借鉴实践经验的先进知识分子或觉悟工人来说，这样的支出还是必要的。

《中国工人》第五期出版于 1925 年 5 月。据罗章龙回忆，此后由于五卅运动发生，“编委会重要成员工作繁忙，且分居各地，集稿发生困难。1925 年 6 月，经中央决定暂时宣告停刊”。新中国成立后，人民出版社影印出版的早期《中国工人》杂志合订本，也是截止到第五期。然而，《中国工人》事实上至少还出版了第六期。2024 年 8 月，中共一大纪念馆组织专家鉴定后，确认馆藏的 1926 年 8 月在广州出版的《中国工人》第六期为革命文物。这期《中国工人》封面印有“第六期 · 发行通讯处　广州　中华全国总工会”字样。最后一页刊载了一则“启事”，全文如下：

去年五卅以后，本刊同志多忙于实际工作，编辑无人负责，致停版数月，劳阅者殷望，甚为歉仄！今后当尽力之所及，按期出版，并扩充内容，研究职工运动的理论和世界职工运动的经验，并登载各地职工运动状况，凡有志于职工运动者，都应人手一编。

这则寥寥数十字的启事表明，《中国工人》从第六期开始已经从上海迁到广州编辑出版，且罗章龙不再负责主编。第六期封面标明的“发行通讯处　广州　中华全国总工会”，意味着中华全国总工会于 1925 年 5 月在广州成立以后，已经介入《中国工人》的出版工作，而这一期的《中国工人》也成为迄今为止发现的最早由中华全国总工会承担出版的党的刊物。

第二章
点亮“全中国工人的灯塔”

思想总在行动之前，就如同闪电总在雷鸣之前。

1928 年 12 月 1 日，作为中华全国总工会机关刊物，《中国工人》在上海复刊。复刊号的封面上，明显标示着“中华全国总工会”的字样。

复刊号的《卷头语》由时任中共中央政治局候补委员、中华全国总工会党团主任罗登贤撰写，开宗明义就把《中国工人》和中华全国总工会直接联系起来：

《中国工人》是中国工人阶级的革命先锋，是全中国工人的灯塔，这个灯塔，有好久没有照耀着全国工人阶级了，现在中华全国总工会要将这个灯塔重行建立起来，使全国工人在黑暗世界可以得到一线的光明，这是再好没有的事了。

此后，罗登贤在上海、东北等地指导党的工作，开展工人运动。1933 年 3 月，28 岁的罗登贤因叛徒出卖被捕，于 8 月 29 日在南京就义，留下了“我个人死不足惜，全国人民未解放，责任未了，才是千古遗憾”的决绝之言。

大革命失败后的艰难复刊

1925 年 5 月 30 日，上海租界当局枪杀反帝示威群众 13 人、重伤数十人，五卅惨案震惊中外。中共中央连夜召开紧急会议，决定把运动扩大到各阶层人民中去，发动上海全市罢工、罢课、罢市，五卅运动由此展开。6 月 18 日，中华全国总工会发出《为五卅惨案致香港各工团》的信，要求“立即通令全体工友一致罢工”，由此激发了历时 16 个月的省港大罢工。

五卅运动促进了工会组织的发展，全国有组织的工人迅速增加到 100 余万人。1926 年 5 月，中华全国总工会在广州召开第三次全国劳动大会，确定了当前的中心任务是“巩固和扩大自己的组织，联合农民、小商人、学生及社会上一切革命民众，督促和援助北伐，消灭封建军阀，以期早日完成国民革命，统一中国”。此后，上海工人阶级先后举行三次武装起义，有力地配合了北伐军的胜利推进。

然而，在革命形势迅速发展的同时，帝国主义加紧干涉中国革命，国民党右派勾结帝国主义篡夺革命领导权，反共、反革命倾向日益明显。仅在 1927 年 3 月，便发生了多起破坏工会组织和杀害工会领导人的反动事件。其中，3 月 6 日，赣州总工会委员长陈赞贤被杀害；3 月 16 日，九江市总工会被捣毁；3 月 23 日，安徽省总工会被捣毁；3 月 30 日，杭州市总工会被袭击。

1927 年 4 月 12 日，蒋介石在上海发动反革命政变，上海总工会委员长汪寿华被杀害，工人纠察队被收缴武装，上海总工会被封闭。7 月 15 日，汪精卫在武汉召集“分共”会议，公开与共产党决裂，第一次国共合作全面破裂，大革命以失败告终，从广州迁至武汉不到半年的中华全国总工会，被迫移至上海转入地下斗争。随着 1927 年 12 月广州武装起义失败，中国工人运动再次转入低潮，工人阶级的政治经济状况日益恶化。

1928 年 6 月 18 日至 7 月 11 日，中国共产党第六次全国代表大会在莫斯科近郊五一村召开。大会总结了大革命失败以来工人运动的经验教训，通过了《职工运动决议案》，提出了新的工运策略，要求“革命工会应当领导工人日常生活的经济斗争去团结群众”，在各个罢工中须估计当时的政治与经济的状况，以及自己的战斗力的程度，“一切的罢工都需要有非常谨慎的预备，要使一切工人都来讨论这些要求”。此外，为争取工人群众，“反动工会有群众便须加入，去争取群众……若不派遣工作同志到这些工会中去，那就是我们将这一部分重要的工业无产阶级抛弃在反动派的影响之下”。

在中共六大决议的指导下，白区工运得到一定程度的恢复和发展。1928 年 8 月，邓中夏在莫斯科代表中国共产党向共产国际六大主席团提出：“中华全国总工会必须恢复《中国工人》，为比较理论性及记载有系统之职工运动消息机关。各地则出工人小读物。”

正是在这样的背景下，1928 年 12 月，《中国工人》由中华全国总工会正式复刊。复刊号上，罗登贤撰写的《卷头语》鲜明地传递出大革命失败后的工会政治主张：

中国工人，在帝国主义及走狗军阀统治之下，无日不在辗转呻吟的痛苦中，自国民党反叛革命以后，中国工人却如坠入在十八层地狱之下，天天受着残酷的压迫与屠杀，丝毫得不到一点自由。甚至工人在工厂谈话亦被禁止，任意开除工人，乃是资本家的家常便饭。现在，京汉铁路工人欠薪至十八个月之久，南洋兄弟烟草公司工人每日工钱不过五分。工人要求加薪，反抗资本家的剥削，国民党政府就加以共产党的罪名，捉去枪决。这就是国民党“统一中国”、“北伐完成”到“训政时期”，工人阶级在过去参加革命运动所得的“酬报”啊！

所谓训政时期国民党的工作大纲，如造林、教育、筑路等，将来也要如缪斌所说的，“振兴工业的工会，振兴农业的农会”，这是国民党用复古的政策来消灭革命运动的。

资产阶级不但是利用工人来维持反革命统治权，且要用改良主义来欺骗工人。如他们的什么“劳资仲裁”、“阶级调协”皆是，他们御用第三党及革命评论派为其宣传反革命理论的工具，在群众中摇旗呐喊说什么三民主义是革命的，这样一来，他们仍可拿出厕所里的三民主义做诱骗民众的工具。

全国工人阶级在帝国主义、国民党、豪绅资产阶级重重剥削压迫之下，所过的生活，简直比牛马不如，惟一的出路，只有大家一致的组织起来，与全世界工人阶级站在一条路线上，用自己的力量，推倒帝国主义及走狗豪绅资产阶级的国民党政权，建立工农民权独裁制的苏维埃政权！

复刊后的《中国工人》内容出现了明显变化，理论文章篇幅减少，工运事件分析篇幅增加，文字也变得更加通俗活泼。作为中华全国总工会机关刊，不仅及时刊出全国总工会的报告、宣言、通告等文件，还新设“劳动消息”和“镰刀与铁锤”栏目，报道国际国内工人生活和工运动态，夹叙夹议国内外时事话题。

更明显的变化是《中国工人》主要撰稿人的更迭。以前的作者当中，李大钊、李启汉、赵世炎、罗亦农牺牲，林伟民病逝，邓中夏、瞿秋白远赴苏联，刘少奇到北方从事秘密斗争，李立三忙于中央工作，只有时任中华全国总工会副委员长的项英尚在继续为《中国工人》撰稿。

不过，时任中共中央工委书记的罗章龙却更加活跃了，用“沧海”的化名为《中国工人》写了更多的文章。以1929年《中国工人》第五期为例，罗章龙不仅撰写了卷首《年关紧迫中全国工人斗争的阵势》，还撰写了《劳资调解下之南洋烟草公司工潮》《评天津英美烟厂的罢工》《新新公司罢工的胜利条件》《汉口对日罢工的危机》4篇文章，加上“镰刀与铁锤”栏目里的六则短评，占了当期刊物将近40%的篇幅。

除了罗章龙，复刊后的《中国工人》还有两位重要编者和作者不可忽视，他们分别是林育南和苏兆征。

林育南是中国共产党早期领导人之一，长期从事中国工人运动，是著名的工人运动领袖，曾任中国劳动组合书记部武汉分部主任、中华全国总工会秘书长，1927 年 5 月在中共五大当选为候补中央委员。林育南与《中国工人》早有渊源，曾在 1925 年《中国工人》第四期上发表《徐典案真相》（署名“若愚”）。《中国工人》此次复刊后，林育南与罗章龙共同参与编辑工作，并在 1929 年《中国工人》上发表了《拿吴佩孚与国民党比比看》（署名“溪石”）等文章。1931 年 1 月，林育南被捕，2 月 7 日在上海牺牲，年仅 33 岁，是著名的龙华二十四烈士之一。

苏兆征是中国工人运动先驱和著名领袖，也是中国共产党最早从工人运动领袖中发展的党员之一，1925 年在第二次全国劳动大会上当选中华全国总工会执行委员会委员，此后担任中华全国总工会执行委员会委员长、中共中央政治局常务委员等职。1928 年 4 月，作为中华全国总工会出席赤色职工国际第四次代表大会的代表，他去莫斯科参加了这次会议。1929 年 5 月 15 日，《中国工人》第八期发表了苏兆征的《出席赤色职工国际代表会议报告》。不幸的是，由于长期的艰苦斗争和紧张工作，苏兆征积劳成疾，1929 年 2 月病逝于上海，时年 44 岁。

这一时期的《中国工人》，几乎每期都刊登中华全国总工会的文件。复刊号刊载了《反国民党宣言》《十月革命纪念宣言》和《为奉系军阀屠杀哈尔滨市民宣言》，第三期刊载了《为广州暴动纪念宣言》，第四期刊载了《关于最近中国工运的报告》《告法商电车工友书》和《为法商电车工友罢工告全上海工友书》，第五期刊载了《太平洋劳动会议秘书处告各国工会书》和《告（上海）新新、先施、永安三公司全体工友书》，第六期刊载了《“二七”六周年纪念宣言》《为反对阴历年关开除工友告全国工友书》《为新新、南洋工潮告全体上海工友书》《为汉口水案告全国工友书》，第七期刊载了《反军阀战争危机宣言》和《为邮务总局开除工人告全国工友书》，第八期则是中华全国总工会第二次扩大会议文件专辑。这些宣言、文件的刊出，有效传播了党领导下的中国工会的立场和主张，对于指导全国各地的工人运动，特别是进一步启蒙深受压迫的工人们的思想觉悟，起到了积极作用。

强化政论的针对性和指导性

《中国工人》复刊以后，虽然理论文章明显减少，整个刊物却依然具有鲜明的针对性和指导性。每一期《中国工人》都刊出多篇重要文稿，鲜明体现了中国共产党对于工人运动的领导和指导。

在复刊号上，署名“炳辉”的文章《工人运动中青工工作之重要》认为，大革命失败后，资产阶级和国民党“如狼似虎般的向工人阶级进攻”。面对这种状况，许多地方不重视青年工人的工作，“实在是工运一个极大的损失”。文章列举广州起义中重要的战斗部队主要都是由青年工人组成，而且表现特别勇敢，以此提醒人们重视工人运动各种大小斗争“无不见青年工人的力量和作用”：

……因为每在斗争中特别表现其勇敢之原故，所以青工亦是资产阶级进攻的一个极重的目标。以下两个事实，人人可以很明显的看到：

（一）厂主或店主大批的开除青工（差不多超过成年），尤其勇敢的分子，加紧采用改良主义（假的）的方法欺骗工人特别是青年工。

（二）豪绅资产阶级国民党加紧屠杀政策，稍有点革命认识的工人也要杀头或枪毙了。在济难会统计中国从国民党反动以后，所牺牲在反动政府屠刀之下，其数量达到六万余人（没有统计不在内），其中三分之二是青年工人，由这死难工人数目上就很明白的知道资产阶级向工人进攻的情形，尤其特别对青年工人的厉害。因此就可知敌人对青工的重视，认为眼中钉的样子。总之，在现在中国的青年工人是反动的资产阶级和反革命的政府一个极大的进攻目标。换句话说，青工工作更为严重，更值得我们注意……再者，青年工人在中国的现代社会里其数量特别浩大，所以在斗争中的作用亦特别强大，这是毫无疑义的。由此可知，青年工人在整个职工运动中占极主要部分，所以目前摆着这种严重工作在我们面前，我们应该用很大的努力去建立青年工人工作基础，作工会中的一个强有力的力量。

作为这一时期《中国工人》的主要作者，罗章龙的文章锋芒所向，更是直指国民党政府欺压工人阶级的真面目。例如，1929 年《中国工人》第四期所载的《反对国民党摧残工人的恶法律》一文，便猛烈抨击上海社会局公布的四种关于劳工的立法，指其是“一个专为帮助资本家欺侮和压迫工人的机关”，所谓立法的“居心是专为宰割工人的”。文章分析了这四种立法：

> 前两种为退职待遇及职工待遇的，他的内容，多是根据资方对工人已成的习惯加以成文的规定（如假期，退职金抚恤等）这些规定不用说大多数是于工人无关痛痒的，就令有一部分足给工人一点小便宜，条文本身的束缚和限制也就根本可以给他取消了……何况这些所谓“惠益工人”的法律，在世界各国经验看来因为政权掌握在工人的敌人手里，即令规定得再好看，也没有实行的保障的。所以这里我们索性把他当废纸看，不必去批评他了。
>
> 社会局的后两种法规，一是关于职工服务的，一是关于学徒服务的，这两件法律，我们还只看到第一种，已经使我们感受一个很重的压迫，原来那完全是帮助资本家压迫工人的一本圣经啊！我们知道社会局规定给甚么好东西给工人是不可信的，可是他规定这样恶辣的法律锁铐着工人，却是当真的实事，马上就要实行的，如果每个工人均在社会局职工服务规则之下工作，那么，他简直不必再想着甚么人的生活

了，他只有永远的世代的去做资本家的奴隶！

1929年《中国工人》第五期刊发文章《年关紧迫中全国工人斗争的阵势》，作者依然是罗章龙。他指出，阴历年关迫近，劳资双方斗争危机四伏，天津英美烟厂和上海新新公司都在大罢工，商务印书馆也在酝酿罢工，日本纱厂的资本家则准备乘阴历年关将各纱厂全部停工一两个月，以饿困之计向工人示威，“人数更多，范围更大的阶级斗争”的爆发已经不可避免：

在帝国主义和中国资产阶级双重剥削和压迫下面的中国工人，可谓日夜生活在资本进攻的严重威胁中。工厂中螺旋般的压榨，军警式的管理，资本合理化的吃人制度，以及国民党的反动统治，卑鄙无耻的欺骗工人的花样层出不穷，在在使全国工人生活普遍降落到空前未有的深渊中去了。

几百万的中国工人是全国各大城市中生产的主人，是中国革命运动中久经鏖战的队伍，他们当着中外资本联合进攻被逼到无地自容的今日，如果还能像资产阶级走狗们所预想的那些阶级和平、劳资妥协的方式沉默平静地过去，那是历史上断然没有的事。资本进攻愈恶，工人为生存而奋斗的反抗也就随之而进的。

全国的工友们！

阴历年关是定期的资本进攻的时候，在这个时候正是资本企图以更长的工作时间、更低的工资、更坏的待遇、更多的开除、袭击工人的日子，一切条件的被修改，被取消，也就在今日。这种种危机，觉悟的上海工友们均已见到，并且起来号召以群众的斗争答复资本家了。工人目前的要务就是唤起全国的工人弟兄大家奋起参加这个反抗资本家的年关大斗争。只有工人阶级广大的亲密的联合作战，互相策应，互相救助，才能够抵抗中外资本的联合进攻而得到最后的胜利。不然，我们的力量，如果没有伟大的团结，说不定要被敌人各个击破的。

争斗的目标一般的应该是：减少工作时间，实行八小时工作制，增加工资，改良待遇，争取女工童工的特殊利益、失业工人的救济以及争取言论罢工的政治自由等。但是我们要注意争取目前过年的经济利益，争取工作的保障。在上述要求之下动员全国的工友向着资本家作坚决的奋斗，这就是年关紧迫中工人阶级的出路。

与资本家斗争的时候，不仅要广大的团结工人阶级本身的力量，并且应更进一步与一般城市贫民的斗争相联络。因为在长期的国内战争中，饥饿、兵荒、社会经济破产，已陷全国城市平民于水深火热之境，当此天寒岁荒饥寒交迫达于极点的时候，他（们）的反抗和争斗自然是向着统治阶级爆发的，我们联合这些斗争就是打击资本家的最有力的武器。

当时，上海新新公司的工人进行了长达 29 天的罢工，最终在国民党当局和资本家的联合打压下，没有获得成功。1929 年

《中国工人》第七期刊载了署名为“平一”的文章《上海新新公司罢工述评》，明确指出这次斗争虽然是经济斗争，但“阶级性十分明显”，因而遭到资本家联合社会局、商会等向工人进攻。文章说：

我们将此次罢工中的几个基本问题指出来以作日后借镜，就是说，我们研究失败，从失败中得到的经验，也是罢工的代价了。

新新公司工友的罢工失败了！但我们得了一些宝贵的经验。

（一）对于罢工目标认识不清，在紧急关键中易于转移方向；

（二）对于敌人的力量没有充分的正确估计，把社会局、市政府也当作“第三者”，以致受了欺骗；

（三）不敢把工潮扩大，使罢工孤立，资本家得乘机进攻；

（四）自己先示弱于资本家，不能一步一步的提防资本家的不断的有组织的进攻；

（五）不知利用阶级斗争的经验，如邮务、法水电等的斗争经验，对于国民党尚存些幻想，以为请愿、调解可以达到目的；

（六）指导机关、罢工委员会脱离群众，使工人群众的热烈的情绪不能反映到战术上的运用；

（七）上层分子留恋于合法的请愿运动，但实际上已证明这是一种幻想，除去用坚决的斗争方法没有达到目的之路；

（八）由新新公司工友的失败，完全证明在罢工中"让步就是自杀"的真理。

同一期《中国工人》还刊出了罗章龙的文章《蒋介石无耻之谈》，更是直接撕下反动派镇压工运"裸露的凶恶的面孔"，揭穿那些混乱事实、颠倒是非的谎言：

国民党由屠杀工农而变为欺骗工农，甚至于拉拢工农，是为维持他们的反动统治一个不得已的办法。蒋介石等有计划、有系统地散布麻痹工农的宣传，他们害怕革命愈甚，欺骗工农的宣传就愈加紧张，他们连睡梦中都不敢忽略对于工农革命的防卫呀！

最近蒋介石又在报纸上两次发表"工农政策"的意见，他的言论除去照例骂一骂共产党外，归纳起来是下列几点：

一、他说北伐以前工农是被压迫的，所以要积极的由工人农人自己起来奋斗。现在革命成功了，和过去的情形不同了，地主资本家已经没有压迫工人剥削工农之事发生了。

二、在目前，国民党如果还要奖励工农的反抗意识，结果必定是工农反转来压迫地主与资本家了。这是三民主义所不许可的。

三、因为这样，所以一切罢工、怠工，国民党应绝对阻止。因为工农一有斗争，胜则妨碍了地主与资本家的利益，败则使“阶级之怨恨”益深。

最后他还威胁国民党那班在工会、党部的小狗们说道：“你们如果不时时注意消灭工农的反抗意识，虽然你们发誓赌咒要做国民党员，最后情势更迫，将不得不与共产党一道走了。”

这一时期的《中国工人》，正在经历白色恐怖的围堵和打压，甚至不得不把封面伪装成言情小说的样子，通过秘密发行才能送到工人读者手中。这样的境遇，反而激起了刊物编纂者们更顽强的斗志，每一期的政论文章便是最有战斗力的思想武器。这些政论文章对于工人运动的现实针对性更强，指导意义更大，既是中国共产党人在实际斗争中摸索经验的总结，也显示出党的工运理论逐步走向成熟。

“劳动消息”和“镰刀与铁锤”

复刊以后，《中国工人》作为中华全国总工会的机关刊，开始更多关注国际国内工运动态，专门设立了“劳动消息”栏目。

从 1928 年到 1929 年，《中国工人》一共出版了 8 期，其中 6 期均有“劳动消息”栏目。没有刊出“劳动消息”栏目的两期刊物中，第二期是反对国际联盟劳工局局长汤姆士来华专辑，第六期是“二七”纪念专刊。6 期“劳动消息”栏目一共刊出 63 条文稿，国际工运的内容有 16 条，约为总数的四分之一，涉及赤色职工国际和苏联的工会状况，以及欧美、亚洲、南美、澳洲等地十余个国家的工人生活状况及斗争动态。其余 47 条均为国内劳动消息，既有上海工人运动的情况，包括上海邮务工人罢工、上海电车工人要求改善待遇、上海女工痛打买办工头、上海英美烟厂反对开除工友罢工、商务印书馆劳资纠纷被社会局和工贼操纵调解让资本家获益等内容，也有上海以外各地工人运动和工人生活状况，如全国各铁路工人斗争、北平电灯公司工人罢工胜利、浙江全省工厂调查、广州铁路工人苦况、日资抚顺煤矿事故坑杀矿工百余人、徐州贾汪煤矿欠薪矿方开除千余罢工工人等，还有香港海员工人代表大会的情况。

《中国工人》刊出的这些“劳动消息”，直接揭露了工人被剥削被压迫的悲惨状况。1929 年《中国工人》第四期“劳动消息”栏目所载《海员生活概况》，便用简短的文字印证了海员待遇“比较以前更为恶劣，资本进攻越加厉害”：

> 怡和、太古、招商三大公司工人普通工资二十八元八角，连饭十三元在内，最低仅得十元左右，工资仅仅足维持个人最低限度之生活。普通工人每天工作八小时，每礼拜只有半天休息。招商局工人现在似有两月工资未发，公司与各轮头目勾结一起，对工人严厉压迫，工会如提出要求或表示

违反，辄有被开除职业之危险。最近公司又订出具保单，压迫工人签字，借以钳制工人行动，工人待遇极其苛刻。太古船工人受外国船员欺侮最厉害，工人偶有过错的事体，即遭外国船员殴打或被停止职业。怡和船近来虽已增加些微工资，但工人仍感觉生活十分不满足，工人待遇的恶劣与太古船没有二致。株式会社工资普遍为二十元左右，操职三年以上者每月增两元，四年以上者增加四元，饭钱在外。每日工作八小时。东洋头目对待工人甚苛刻……近来各船大裁华工之结果，使留职工人的工作增重了。

1929 年《中国工人》第七期“劳动消息”栏目，再次关注上海童工问题，依然采用的是调查数据的方式：

上海的童工总数凡十六万九千一百四十四人，其中十三岁以上的男童工四万四千四百二十五人，女子十万另三千二百四十一人，两者共计十四万七千六百六十六人；十二岁以下的男童工三千七百七十四人，女子一万七千七百另四人，两者共计二万一千四百七十八人，男女分计则男童工凡四万八千一百九十九人，女童工凡十二万另九百四十五人；此项调查大约仅就租界而论，还有很多的遗漏，租界以外各区更没有把他（们）完全列入，所以大略推论，专上海一区就有二十万以上的童工，几乎要占全上海产业工人四分之一了！这些童工大多数是散布于纱厂、丝厂、棉花厂、毛织厂、烟草厂及机器工厂里面。他们的工作时间自十二小时至十四小时，工作的程度与成人没有多大的差别。他们的工资普通每月三元，有的仅每月一元有零。（每日工资仅九枚铜板。）

在刊出“劳动消息”栏目的同时，《中国工人》还开设了“镰刀与铁锤”专栏，这个名称既代表工农群众又象征中国共产党，罗章龙是主要执笔者。

与“劳动消息”栏目相比，“镰刀与铁锤”专栏的篇幅要稍长一点，但每篇文稿也不过几百字，都是针对劳苦大众关心的事件、话题直接表达编者评论，文字立场鲜明，针砭时弊，为劳苦大众鼓与呼，体现了强烈的战斗性。

在《中国工人》看来，当时的欧洲资本家分裂工会组织，把工人碎成许多小团体，利用这些团体欺骗和模糊工人阶级的觉悟，离间工人的感情，减少工人的作战力量。中国的反动派师承帝国主义这一策略，也组织了各种反动工会。为此，复刊号“镰刀与铁锤”专栏首先关注到这个问题：

这些反动工会完全是拥护资本家的利益，反对工人利益，不准群众起来反抗资本家的剥削，反对罢工反对革命政治活动。上海的工统会、工整会，阎锡山、冯玉祥底下及南方各省的工贼、走狗、工头、工会，这些工会是国民党党部、政府、军警机关派人组织的御用机关，严格的说不是工会，只是几个官僚衙门。他（们）的作用也就等于官僚衙门的作用，帮助资本家防止工潮，收受贿赂，出卖罢工，用警察兵队破坏工人罢工，一方面更替国民党及军阀蒋介石、冯玉祥、阎锡山鼓吹德政，替资本家提倡劳资合作，阶级和平，麻醉工人。不过在这些工会中还有两个奇怪的现象，就是在冯玉祥统治下的工会除执行上列事项外，同时工会又是征收工人捐税的（按名收关税）。所以河南工人又叫工会为税捐局，同样这情形在福建厦门的总工会也是如此的。除上面这些反动工会外，最普通的在各省工厂中还有不少的资本家出资创办的工会，招纳一部分工贼，冒挂工会招牌，强迫工人加入。

同样是在复刊号上，“镰刀与铁锤”专栏还辛辣讽刺反动派所云要“帮助国民党承认的罢工”的谬论，认为工人罢工是工人阶级实现要求的一种战术，是根本不能得到敌人谅解的：

国民党反动后久已与工人绝缘了，可是他们在口头上，在文字上，口口声声还是说扶助劳工，蒋介石在邮务罢工时竟宣言工人罢工应得到国民党赞成，他将帮助为国民党承认的罢工，于是一般大小走狗以及七大工会工贼对于工人大肆鼓簧，认为工人的罢工是必须先得到国民党“许可”才可以举行。罢工到甚么时候国民党才可以“许可”呢？就令国民党“许可”了，他们的主人帝国主义不许可，国民党还是不敢许可的（如上海英美烟工厂罢工），那么，照国民党的说法，一个罢工必须是帝国主义、军阀、官僚、资本家，通通举手表决才行，哈哈！未免太滑稽了。上海的工人群众是不管这些的，他们在三个月以来竟做了九十九次国民党所不许可的罢工。罢工是工人自己的事，正是反对帝国主义、国民党、资本家压迫工人、剥削工人的武器，要国民党许可罢工这是与虎谋皮罢了！

北伐期间，国民党曾经把“扶助农工”当成口号，要工人多做工，少要工资，认缴北伐捐，说是北伐成功后工人就可以享福了。所谓“训政时期”开始后，国民党仍然是说“扶助农工”，要工人努力工作，牺牲自我之福利，为资本家生产，否则便是叛国，以此蒙蔽工人。《中国工人》敏锐地注意到这一点，通过“镰刀与铁锤”专栏，连续揭露蒋介石、阎锡山和资本家镇压剥削工人的真面目。

当南京学生反日示威打毁王正廷家宅后，蒋介石真是气得哭不得笑不得！没奈何他召集学生们去训话，在他痛哭流泪的演说大家不守法律不守纪律时候，忽然有个律师抗辩道：“人民不懂法，我以为不甚要紧，但政府不知法律又应如何？……”唉，这位律师幸亏还不敢数到蒋介石屠杀工农的天大罪状，所以还只受停止发言的处分，不然，在国民党法律之下像这个律师的放言高论：恐怕就有点法不容情吧！

汤姆士在宴席上问阎大军阀（阎锡山）山西省盐工工人的情形，工作时间、工资、卫生、保护、养老金等如何规定办法。这似乎是一个使阎军阀很难作答的问题，但阎军阀却不慌不忙地答道：“工作时间每日九时，工资之增加按照工作年期增进，其余亦皆有规定办法。”哼！山西盐工大多数还在极陈旧生产方式之下，谁不知道盐工们的工作时间通常总在十六小时以上，他们的生活在包工头制度克扣之下，每日所得不过铜元一二十枚，哪里梦见过按年增加工资的事，哪里听说过甚么卫生、保护、养老金的办法？模范督军这不是当面说谎么？更有趣的汤姆士听了阎军阀的虚伪报告后，竟赞不绝口地恭维道：“按年增加工资乃最良之办法，欧洲各国正在研究，尚未实行呢！”看他们宾主酬酢，一问一答，演来何等滑稽啊！

因为法律是保护资本家的，（为禁止怠工、罢工等）法庭里面执行法律的法官俱是资产阶级的走狗，所以资本家往往借口法律，陷工人于罪。正因为在法律前面工人一切都是失败的。如最近上海装订工会为工贼陶晓村破坏工会，引起工人的罢工，罢工解决后，资方复以强迫罢工、阻止营业向法院起诉，就是资本家借法律摧残工人的把戏。上海有十六（家）工会，反对资方这一企图，证明现代资本主义社会的法律、法庭、警署等通通是工人的死敌。

中国资本家根本就是生长在无限制剥削工人血汗的基础上，他们吃人不吐骨的凶横贪欲是永远填不满的。所以偶然有点对工人的改良退让，除非是阶级斗争逼迫他们，他们是绝不自动感觉得（到）的。这次国民党草拟甚么工厂法草案，原是依样画葫芦的事，他们听了这个消息，竟是大惊小怪起来，他们反对任何改良工人生活的办法，他们也反对分红制，他们竟因此认为国民党宗法苏俄法规，居然有赤化嫌疑了，哈哈！怪不得反动的国民党也说他们“措辞尤多失态”啊！

在抨击反对势力的同时，《中国工人》同样关注一些工人在斗争中缺少策略的问题。比如，津浦铁路上千工人被欠薪十个月，失业后一贫如洗，组团索薪三个月毫无结果，于是决定致电浦口总局，请十日内先发欠薪两个月，以维持生活，否则将卧轨求死。1928 年《中国工人》第七期“镰刀与铁锤”专栏就此直言：

我们看了这一段可怜的纪事，对失业员司自然引起无限的同情，不过看了他们那样寻死觅活的村妇办法，就觉得未免太滑稽些了。失业员司如果不愿意在国民党所提倡的“为民族利益牺牲工人”的愚蠢的理论下面做一个驯服的奴隶，如果当真有自杀的勇气，那么为什么不于萌短见之外去找更有效的办法呢？

1928 年 12 月复刊后的《中国工人》，与 1924 年创刊时期相比，很重要的变化就是以“劳动消息”栏目为标志，工运动态的报道数量迅速增加，报道范围也遍及更多地方，甚至开始扩展到国际，大大开阔了读者视野，增强了社会影响。新增设的“镰刀与铁锤”专栏，亦比此前的“无情斧”专栏扩充了内容，结合工运实际，针对斗争现实中的人物或事件，彰显中国共产党和党领导下的中国工会的立场，言简意赅且如投枪匕首般犀利的短文，非常适合工人读者。

纪念“二七”与斗争新策略

1929 年 3 月，《中国工人》第六期出版，三分之二篇幅均为纪念“二七”六周年的内容。卷首为罗章龙的文章《纪念“二七”烈士！》，其后是《中华全国总工会“二七”六周年纪念宣言》，以及当时中共中央负责人的文章《“二七”纪念与中国工人》，都是有分量的稿件，颇为引人注目。

这一期《中国工人》的大部分文章与“二七”相关，其中包括《“二七”的精神是什么？》（文彬）、《“二七”纪念中我们的任务》（平一）、《目前形势与中国工人的使命》（斧）、《拿吴佩孚与国民党比比看》（溪石）、《“二七”罢工的意义与教训》（吴汝铭）和《纪念“二七”说到中国工人阶级奋斗的前途》（新劳）。

《“二七”的精神是什么？》的作者史文彬，1921 年 7 月加入中国共产党，是长辛店铁路机厂第一位中共党员，“二七”惨案中被捕，经营救出狱，此后相继担任全国铁路总工会执行委员、中共六届候补中央执行委员和中华全国总工会执行委员，1942年冬病故。

在这一期的《中国工人》上，罗章龙的文章《纪念“二七”烈士！》写得充满感情、激情，至今读来仍令人感到激励：

“二七”死难诸先烈为中国无产阶级斗争史上第一队阵亡的劳动战士！虽然自巴黎公社以来，全世界无产阶级与敌人作长期的鏖战，前后丧失于阵地（者）不知几千万人，均足为我们无限的景仰和纪念。但是对于这些首先战殁于远东社会主义疆场的“二七”战士，中国工人尤其是永远不能忘怀的啊！

“二七”争斗的雄伟，“二七”先烈死事的壮烈，已经震动着全中国与全世界无产阶级的心灵！施洋的雄辩滔滔，骂贼不屈而死；林祥谦的奋勇赴敌，激昂慷慨而死，他们现在已成为中国工人群众中流传的模范武士。至于流血、垒尸于江岸、长辛店，酷刑惨毙于保定监狱中的前后四十四人，他们的（每）一滴血、（每）一点泪，都将永远成为中国工人世代崇拜、讴歌的无名英雄的墓碑！

“二七”罢工的英雄已完成他们的革命使命而去了，他们深沉、伟鸷的遗传还留在广大的工人群众中间，中国工人仍在望着“二七”树立的目标，追踪“二七”的血路，勇往地前进。一九二五年来中国工人光荣的战史，就是一个纪念“二七”的坚固建筑。

我们回忆“二七”罢工，更回忆到“二七”罢工中共同作战的战友们，如津浦铁路响应罢工的领袖王荷波，京奉铁路响应罢工的领袖邓培、王尽美，彰德指挥罢工的领袖姚佐唐，他们都在历次战役中，继“二七”诸烈士冲锋陷阵的精神而牺牲了。可见“二七”的志愿未酬，中国工人继“二七”的争斗也是不能一日停息的。

只有伟大的争斗，才能有伟大的成功！只有神圣的牺牲，才能涤荡资本主义的罪恶。“二七”烈士的精神将照耀着工人阶级到最后推翻全世界的资本主义！

“二七”烈士精神不死！工人革命的最后胜利万岁！

罗章龙写下这段文字的时候，显然是饱含悲愤。他后来回忆说，全国总工会原有执行委员 60 余人，1927 年大革命失败后，斗争中“死亡居其大半”，1929 年 11 月第五次全国劳动大会时，执行委员会不得不补选 44 人。

罗章龙在《纪念“二七”烈士！》中提到的施洋和林祥谦，均在“二七”斗争中壮烈牺牲。王荷波、邓培、王尽美、姚佐唐亦是著名工人领袖，“继‘二七’诸烈士冲锋陷阵的精神而牺牲”。

王荷波是中国工人运动先驱，1922 年 6 月加入中国共产党，先后担任过中华全国铁路总工会委员长、中华全国总工会执行委员会委员、中央临时政治局委员和中央北方局书记。1927 年 10 月，他因叛徒出卖在北京被军阀张作霖逮捕，11 月 11 日被杀害，年仅 35 岁。

邓培是早期工人运动领袖，作为中国工人代表受到过列宁的接见，1922 年加入中国共产党。先后担任中华全国铁路总工会委员长、中华全国总工会执行委员会委员、副委员长。1923 年 6 月，当选中央执行委员会候补委员。1925 年 1 月，在中共四大上当选中央候补执行委员。1927 年 4 月，他在广州“四一五”反革命政变中被捕，6 月英勇就义，时年 44 岁。

王尽美是中共一大代表之一，先后领导京奉铁路工人、开滦五矿工人大罢工。1925 年春，他抱病与邓恩铭等人组织领导胶济铁路全线、四方机厂工人大罢工，6 月肺病复发，8 月 19 日在青岛病逝，终年 27 岁。

姚佐唐是早期徐州铁路工人领袖，曾领导陇海铁路工人大罢工，1922 年加入中国共产党，曾与李大钊、王荷波等 5 人前往莫斯科，代表中国共产党出席共产国际第五次代表大会。1928 年 7 月，他因叛徒出卖被捕，同年 10 月被杀害于南京雨花台，年仅 30 岁。

尽管第六期《中国工人》的主题是纪念“二七”六周年，相关文章也只占到三分之二篇幅，当期还刊出了一些其他内容。相比起来，两个月后出版的《中国工人》第八期，则是中华全国总工会第二次扩大会议的文件专辑，不仅全都是这次会议的内容，188 页的篇幅也创下了《中国工人》单期页码最高的纪录。

1928 年 3 月，赤色职工国际在莫斯科召开第四次代表大会，通过了《中国职工运动行动大纲》。同年 6 月，中国共产党召开第六次全国代表大会，通过了《职工运动决议案》。1929 年 2 月 17 日至 22 日，中华全国总工会在上海秘密召开第二次扩大会议，贯彻《中国职工运动行动大纲》和《职工运动决议案》，讨论改进工会工作。

除了中华全国总工会执行委员，17 位各地工会选派的代表也出席了这次扩大会议。会议听取了中共中央政治局常委、全国总工会委员长苏兆征所作的《出席赤色职工国际代表大会的报告》，全国总工会党团书记项英所作的《过去一年来职工运动发展的形势和目前的总任务》的报告，全国总工会秘书长罗章龙所作的《出席太平洋劳动会议秘书处第三次会议的报告》。会议通过了《全国职工运动目前的总任务》《中华全国总工会扩大会议接受赤色职工国际第四次代表大会决议的决议》《中华全国总工会扩大会议告工友书》，同时通过了铁路工运、矿工运动、海员工运、青工女工运动等决议案。

会议认为，白色恐怖使黄色工会和改良主义在工人群众中得到发展，成为工人运动中的最严重问题。会议规定了全国赤色工会的当前任务和策略，强调在领导工人群众日常斗争时，必须依靠客观环境和主观力量随时改变进攻或退守的战略，“必须以胜利为原则”；主张在国民党的黄色工会中提出工会民主化的口号，以反对国民党的包办控制，争取以工人中的革命分子取代黄色领袖，并可以利用黄色工会下层组织和俱乐部、体育会等开展工作，“不必另行秘密组织工会”。

这些报告、宣言和决议案等文件，集中刊登在 1929 年 5 月出版的《中国工人》第八期里，其中包括苏兆征的《出席赤色职工国际代表大会的报告》，这也是苏兆征在《中国工人》发表的最后一篇文章。扩大会议刚结束不久，苏兆征就因为手术过程中发生细菌感染，突然在上海病逝。远在莫斯科的邓中夏得知消息，深切悼念这位“勤劳、廉洁、谦逊、坚定”的战友，认为“由工人出身而成为这样伟大的领袖，在东方还只有兆征同志一个”。

从征稿启事看工会职工教育

向工人宣传马克思主义，面临的主要困难是绝大多数工人不识字。大革命初期，中国共产党通过的《宣传问题决议案》要求，党的宣传工作“不但语言文字要接近群众，鼓动内容也要接近群众，群众中的鼓动要具体，要根据工农群众眼前的事实”。落实党的这一要求，有效启发工人觉悟，也成为中华全国总工会的重要工作。

1929 年《中国工人》第八期上，刊登了一则全国总工会教育委员会征求编辑工人读物文稿的启事，明确提出征集九种文稿——

（一）初级工人补习学校（或工人读书处）千字课本

此项课本，系供给失学的成年及青年工人开始识字之用。用字及编辑形式，可参照商务印书馆发行之市民千字课，采用日常需要的一千三百余字，共编四册，每册二十四课，共九十六课，足供四个月毕业之用。

（二）高级工人补习学校国文课本

此项课本，系供给初级工人补习学校毕业后，入高级学校，及有同等学力者教科之用，内容注重灌输工人普通需要的知识，训练日常应用文字的技术（如写信、记录、草作字据、契约、日记等文稿）及学习阅读普通书报的能力等。课文较千字课高深，但编辑体裁及册数、课数等大体与千字课相同，亦系供给四个月毕业之用。

（三）工人常识教本

此项教本，系供给教员讲授，及高级学生自修之用。内容包含日用常识、生理卫生及简易的医药常识、社会常识及科学常识等。

（四）工人算法教本

此项教本，系供给教员讲授，及学生自习之用。内容为各业工人工资计算法，通常日用账的计算法——默算、珠算、笔算等法。

（五）工人日用英语课本

此项课本，系供给教学之用，内容注重产业工人学习机械名词及工作应用与日常应用的语句。

（六）工人唱歌

此项歌集，为一般工人业余课后，大家歌唱，以资娱乐，并唤起其觉悟团结的精神。旧有曲调歌谱及歌谣唱本，合于上述原则之一者，亦间可采用。主要的仍须创作完全适合上述原则的新谱新歌。此种歌谱，必须简易通俗，合于工人大众之用。

（七）工人教育小丛书

凡能启发工人阶级思想，供给工人普通知识，适合工人教育之作，如关于工业知识的、经济问题的、近代历史的、工会组织的、工人运动的、工人合作社、工人俱乐部及其他与工人有关系之种种问题均可。每册篇幅，不可超过一万字。

（八）工人小说

依据下述编辑条件之一切长篇短篇等的创作和旧作的采用均可。

（九）工人教育问题研究

如工人学校或工人读书处的组织法、教学法、训育法、管理法、视导法以及行政设备、学制、课程、教材问题等等。作为研究工人教育之参考，篇幅长短不拘。

从征集的这九类工人读物文稿中，可以看出当时的中华全国总工会职工教育的主要特点。首先，从识字课本到英文教材，从算术、歌曲到常识、小说，兼顾了不同文化水平的职工群众的不同需求，构成一套较为完整的教材体系。其次，国文课本涉及契约、字据，算法课本涉及工资计算，英文课本强调“注重产业工人学习机械名词及日常工作应用的语句”，明显切合工人需要，属于有针对性的实用教育。最后，工人教育问题研究被列入征集范围，表明中华全国总工会十分注重职工教育的实践总结与理论研究。

同样具有研究价值的是，这则征求编辑工人读物文稿的启事，还对征稿写作提出了具体要求：

> 1. 须完全站在工人阶级的立场，以启发工人阶级的思想，促进工人阶级的觉悟。但应注意我们所在的时代和环境关系，力求做到公开发行的条件。
>
> 2. 一切读物的内容，大都要取材于上海工人的环境、工人在厂内厂外的日常生活、工人心理、生活习惯，与上海及全国和国际工人运动的历史和现状等。
>
> 3. 文字应该特别通俗化，用字力避生僻，句读力求简易。凡欧化、文艺化的文体，以及专门科学的名词术语，为一般工人所不易了解者，均不合用。同时文字上，应注意活泼生动、富于兴趣，力避呆板生涩及枯燥无味之病。

以上要求归纳起来，一是强调工人阶级立场、启发工人阶级觉悟；二是从实际出发，兼顾历史与现实；三是力求贴近职工需要，契合职工阅读。这三点，即使在今天，也应该是工会开展职工教育工作应该遵循的重要原则。

白色恐怖下的伪装与停刊

1929年《中国工人》第八期刊出的征求编辑工人读物文稿启事中，专门强调了“力求做到公开发行的条件”。它的背景，显然是当时恶劣的政治环境。

国民党背叛革命后，大肆镇压、屠杀共产党人和工会积极分子，白色恐怖笼罩全国，宣传共产主义、工人运动的文字都在严格查禁之列。

1929年《中国工人》第三期上刊发了署名“工友黄钊”的来信《白色恐怖下的广东工人》，文中写道：

> 广东自“四一五”国民党公开背叛革命后，豪绅地主、资产阶级对于工农群众更残酷的肆行压迫与剥削，他们利用反动政权，任意拘捕工人，杀戮工人，封闭工人自己的工会，而代之官办工贼的工会，取消工人从前争得的胜利条件，而强制减薪加时，工人稍有一点不甘受压迫与剥削之反抗表示，他们即加之以“共产”罪名，严加惩办，工人除受这些直接压迫之外，同时还要受苛捐杂税的剥削，苛捐杂税，来得无奇不有，最显著的，便是所谓生人头捐、死人头税、婚姻捐等等，这些苛捐，在九龙、东莞、琼崖一带抽的特别厉害，若有不服者，即行拘禁，甚而加以死刑，广东工人在这种暗无天日的反动政策实施之下，被屠杀的已不胜其

计，失业的已在万数以外，可见统治阶级对工人阶级的手段之凶残了！

1929年《中国工人》第四期发表罗章龙代表中华全国总工会在太平洋劳动会议秘书处扩大会议上的报告，谈及白色恐怖时称：

白色恐怖，迄未停止，自今年一月到八月，按照我们的统计，工农被屠杀的，不下十万人，内中有二万七千六百九十九人经过正式宣布罪状而执行死刑了，有一万七千二百人拘系于狱中。在工厂中，实行连坐法，假使有某一工人被发现了与红色工会有些关系，那么，他附近的五个乃至十个工人便须连坐，轻则开除，重则拘系屠杀，工人在进厂时，须缴纳相片，并须有殷实的铺保和大手印。在冯系和桂系势力下的地方，如发现了（甚或仅凭猜度）工人有赤化嫌疑，即格杀勿论，在这种情形之下，工人在政治上所受之压迫情状，当然不须更多叙述，便可了然了。

这种白色恐怖之下，《中国工人》随时面临着被查封的危险，为了躲避国民党当局的检查，不得不进行伪装。1928年12月复刊后出版的八期刊物中，有四期封面都没有《中国工人》的刊名，1929年第五期和第六期的封面用的是“漫画集”，第七期用的是“红拂夜奔”（言情小说），第八期用的是“爱的丛书”作为掩护。因此，征求编辑工人读物文稿的启事“力求做到公开发行的条件”，也就不足为奇了。

环境如此残酷，《中国工人》仍没有停止为党的其他刊物做广告，包括《布尔塞维克》半月刊、《红旗》周刊、《列宁青年》周刊、《劳动青年》周刊等。由于秘密发行，这一时期的《中国工人》没有标注定价。

但是，白色恐怖并不能阻挡《中国工人》发出战斗的声音。1929年《中国工人》第三期发表了长诗《火花——广州暴动纪念日》，以此鼓舞工人阶级和革命群众的斗志：

火花，火花，
一星一星的火花，
汇合起来，
就成照彻全球的火把！

英勇伟大的广州暴动，
它是引导工农兵士贫民，
向着光明之路的火把！
这个革命的灿烂的火把，
是一星一星的革命的火花，
凑拢起来而放出的光芒！
这个巨大的火把，
烧毁了豪绅资产阶级的建筑——政权！

同时，英勇的战士们，
却在火光熊熊中建立了自己的建筑——苏维埃政权！

火光四射，
照遍了全中国，
照遍了全世界，
全中国的工农，
全世界的无产阶级，
都朝着这一个灿烂的火把，
欢欣，鼓舞，庆祝；
中国工农革命的成功！
中国工农兵苏维埃政权万岁！

熊熊的火力，
它使工农兵士贫民，
如在和暖的春光，
活泼泼地向前发展！
猛烈的火力，
它烧焦了豪绅资产阶级以及帝国主义的心肝！

他们一致的狂呼：
好厉害的火呵！
赶快扑灭罢！

不然，就保不了性命！

热烘烘的火把，
终于仅仅燃烧了三天，
便给白色的水花扑灭！
六千多英勇的战士，
都在白色恐怖底下牺牲了！

然而，这一个伟大的革命的火把，
永远不会再燃烧起来了吗？
不，不，绝对不！
它的热力永远保存着，
它的燃烧的力量将更伟大，
它爆发起来时，
将烧帝国主义和豪绅资产阶级！

同志们，工农兵士贫民！
准备着罢，
发出我们的火花！
爆起我们的火把！
在火光熊熊中建立自己的政权——苏维埃！

《中国工人》此次复刊，目前所能见到的只有八期。1929 年

11 月，项英在第五次全国劳动大会的工作报告中，专门谈到《中国工人》，“初为半月刊，系一种职工运动的理论兼内部阅读的刊物，出至第七期后改为两月刊，内容亦变更，纯为职工运动理论的指导，现已出至八期。但近数月来，因工作发展，工作人员多出外巡视，遂未能顾到，尚未续刊”。1930 年 7 月，罗章龙撰写了《中国职工运动状况（1928 年—1930 年）》一文，其中谈及《中国工人》“现已停刊”，每期发行 3000 册，总计 24000 册。如此推算，亦是出版了八期。

《中国工人》复刊号出版于 1928 年 12 月 1 日，封面曾标示“半月刊”字样，共出版八期，持续时间五个半月。第二期的出版日期为 1928 年 12 月 15 日，第三期和第四期的出版日期均为 1929 年 1 月 1 日[①]。从第五期起，没有标注出版日期。不过，从第五期的“年关迫近”和“最近（十二月）上海罢工”等内容推断，出版时间应为 1929 年 2 月 1 日，系因 1929 年旧历己巳年正月初一为 2 月 10 日。从第六期的纪念“二七”六周年内容推断，出版时间应为 1929 年 2 月 15 日。第七期刊登的中华全国总工会《为邮务总局开除工人告全国工友书》，签署日期为 2 月 14 日，推测出版时间应为 1929 年 3 月。第八期则重新标注了出版日期，注明为 1929 年 5 月 15 日。以上出版日期推算，符合项英所述，亦可见当时国民党的白色恐怖带来的动荡和危险，使得《中国工人》并未按照“半月刊”正常出版。

① 第四期原刊应为误排，实际应为 1929 年 1 月 15 日。

纵观1928年12月复刊后的《中国工人》，读者可以看出，中国共产党成立初期，致力于组织和发动工人运动，由于缺乏经验，遭受了挫折，正在逐步走向成熟。大革命失败后，国民党反动派的血腥屠杀和白色恐怖，没有吓倒中国共产党人，也没有能够阻止工人阶级的反抗。中国共产党对工人运动的领导，反而在斗争实践中取得了宝贵的经验教训，指导工人运动也更有针对性，更贴近实际了。这本红色刊物在宣传中国共产党以及赤色职工国际、中华全国总工会的政策、主张，发动和指导工人运动中起到了重要作用。

1929年7月，中华全国总工会拟定的八九两月工作计划中，特别列出“《中国工人》第九期应立即出版”。但是，复杂残酷的斗争环境下，红色刊物的生存遭遇着极其严峻的风险。《中国工人》的再次出刊，已经是11年后。

第三章
在抗日根据地新生

随着全民族抗战的进行，中国共产党逐渐建立了相对稳定的根据地，局部执政成效显著。在毛泽东等中央领导同志的指导、鼓励和带动下，党报党刊也进入发展壮大时期。

1939 年 2 月，《新中华报》成为边区政府与党中央机关报。报纸受中央党报委员会领导，成为党中央指导全国人民进行抗日斗争的重要工具。

1939 年 4 月和 6 月，《中国青年》和《中国妇女》相继在延安复刊或创刊，成为党指导青年工作和妇女工作的重要舆论阵地。10 月，《共产党人》在延安创刊，旨在专门研究党的建设理论和实践问题。毛泽东为《共产党人》题写的发刊词指出，这本刊物要“帮助建设一个全国范围的、广大群众性的、思想上政治上组织上完全巩固的布尔什维克化的中国共产党”。

在这样的背景下，从1929年5月便因革命环境严峻而未能正常出版的《中国工人》，尽快在延安革命根据地继续出版，已经渐现水到渠成之势。

《中国工人》二次创刊和《〈中国工人〉发刊词》

延安时期，毛泽东高度重视全党办好报刊的必要性和重要性，明确提出要把它“作为组织一切工作的一个武器，反映政治、军事、经济并且又指导政治、军事、经济的一个武器，组织群众和教育群众的一个武器”。

毫无疑问，正是中国共产党和毛泽东对于办好党报党刊的极端重视，让《中国工人》在延安的恢复出版成为历史的必然。

1929 年 5 月 15 日，《中国工人》在武汉采用言情小说伪装封面出版了第八期以后，受到严酷环境和人员流动的影响，未能继续出版。此后，中国发生了一系列重大历史事件，从九一八事变、红军长征、西安事变到抗日战争全面爆发，直至抗战进入相持阶段。

国共两党实现第二次合作以后，中国共产党根据建立抗日民族统一战线的需要，将陕北苏区改称陕甘宁边区。1939 年 4 月，为加强对全国特别是各抗日根据地工人运动的领导，中共中央在延安恢复成立中央职工运动委员会，邓发任书记，张浩任副书记。这一时期的中央职工运动委员会，承担了当时已经事实上停止活动的中华全国总工会的职能。

1940 年 2 月 7 日，《中国工人》在延安二次创刊，成为中共中央职工运动委员会主办的机关刊物，毛泽东亲自题写刊名并撰写《〈中国工人〉发刊词》。

《〈中国工人〉发刊词》全文仅有780余字，却是毛泽东在延安时期的一篇重要文稿，不仅指明了工人运动的前途，而且指明了工人阶级开展工人运动必须依靠的力量，对抗日战争时期的中国工人运动具有重要的指导意义。作为毛泽东对工人运动理论的一大贡献，《〈中国工人〉发刊词》被收入《毛泽东选集》第二卷。

在《〈中国工人〉发刊词》中，毛泽东开宗明义，首先强调"《中国工人》的出版是必要的"，进而直接明确出版《中国工人》所要承担的任务：

> 《中国工人》的出版是必要的。中国工人阶级，二十年来，在自己的政党——中国共产党的领导之下展开了英勇的斗争，成了全国人民中最有觉悟的部分，成了中国革命的领导者。中国工人阶级联合农民和一切革命的人民反对帝国主义和封建主义，为建立新民主主义的中国而斗争，为驱逐日本帝国主义而斗争，这个功劳是非常之大的。但是中国革命尚未成功，还须付出很大的气力，团结自己，团结农民和其他小资产阶级，团结知识分子，团结一切革命的人民。这是极大的政治任务和组织任务。这是中国共产党的责任，这是工人阶级先进分子的责任，这是整个工人阶级的责任。工人阶级和全体人民的最后解放，只能在社会主义实现的时代，中国工人阶级必须为此最后目的而奋斗。但是必须经过反帝

反封建的民主革命的阶段，才能进到社会主义的阶段。所以，团结自己和团结人民，反对帝国主义和封建主义，为建立新民主主义的新中国而奋斗，这就是中国工人阶级的当前的任务。《中国工人》的出版，就是为了这一个任务。

毛泽东特别强调，《中国工人》将以通俗的言语解释许多道理给工人群众听，报道工人阶级抗日斗争的实际，总结其经验，为完成自己的任务而努力。他说：

《中国工人》应该成为教育工人、训练工人干部的学校，读《中国工人》的人就是这个学校的学生。工人中间应该教育出大批的干部，他们应该有知识，有能力，不务空名，会干实事。没有一大批这样的干部，工人阶级要求得解放是不可能的。

工人阶级应欢迎革命的知识分子帮助自己，决不可拒绝他们的帮助。因为没有他们的帮助，自己就不能进步，革命也不能成功。

《〈中国工人〉发刊词》由毛泽东亲笔撰写，手迹存留至今，中间虽有个别改动，整体上依然看得出全文一气呵成。文稿结尾部分，他更是在字句里流露出对办好《中国工人》的殷切期望：

我希望这个报纸好好地办下去，多载些生动的文字，切忌死板、老套，令人看不懂，没味道，不起劲。

一个报纸既已办起来，就要当作一件事办，一定要把它办好。这不但是办的人的责任，也是看的人的责任。看的人提出意见，写短信短文寄去，表示欢喜什么，不欢喜什么，这是很重要的，这样才能使这个报办得好。

以上，是我的希望，就当作发刊词。

《毛泽东选集》收录的众多文稿当中，只有两篇毛泽东为报刊撰写的发刊词，分别是《〈共产党人〉发刊词》和《〈中国工人〉发刊词》。《〈共产党人〉发刊词》写于1939年10月，首次提出统一战线、武装斗争、党的建设是中国共产党在中国革命中战胜敌人的三个法宝。《〈中国工人〉发刊词》则不仅强调工人阶级和全体人民的最后解放，只能在社会主义实现的时代，中国工人阶级必须为此最后目的而奋斗，更为党的宣传工作提出了细致的要求，包括“多载些生动的文字”和“切忌死板、老套，令人看不懂，没味道，不起劲”。

1941年8月，《共产党人》在出刊19期后便告停刊，再未恢复出版。《中国工人》则经历沉浮起落，至今仍在出版。因此，《〈中国工人〉发刊词》便是《毛泽东选集》所收录的唯一一份还在出版的杂志的发刊词，成为中国共产党宣传工作的经典文献。无论是在战争年代还是在革命建设年代，《〈中国工人〉发刊词》所蕴含的基本理论观点和基本原理，都对党的宣传事业产生着深远的影响，并随着时间的推移而彰显出历久弥新的时代价值。

《中国工人》在延安二次创刊的创刊号上，多位中国共产党的高级领导人专门题词或撰文祝贺，其中包括在中共中央负总的责任的张闻天（洛甫），陕甘宁边区政府主席林伯渠，中共中央军委副主席、总政治部主任王稼祥，延安宪政促进会会长、鲁迅艺术学院院长吴玉章。这样的祝贺“阵容”，足见中共高层对工人运动和《中国工人》的重视。

《中国工人》创刊号是“二七纪念专辑”，出版日期亦是2月7日。选择纪念“二七”的内容并以专辑的形式推出，必然有着党的意志和主张。

两天以后的2月9日，延安举行纪念“二七”大会，中共中央政治局候补委员、中央职工运动委员会书记邓发作了《纪念“二七”与中国职工运动的任务》的报告，特别强调全党要重视职工运动。这份报告后来以《中国职工运动目前的任务》为题，在1940年《中国工人》第三期上发表。文章指出：

> 纪念“二七”我们要引起全党注意职工运动，职工运动目前是我党工作最薄弱的一环……我们每一个党员都要作职工运动，应当过问和关心职工运动，过去我们的同志，对职工运动不但作得少，甚至连对职工运动的观念都很薄弱，推其原因，有下列诸点：
>
> 一、当大革命失败后，我党工作中心移到苏区，离开了大城市经济工业中心，大多数党员长期在农村生活，同时很

少见广大工人群众，于是就不自觉的忽视起来。

二、我党因为十年来遭受着严重的白色恐怖，过去有工运基础的地区均遭受到摧残，如上海、天津、武汉、广州等城市作职工运动的同志，多遭牺牲，工会多被取消或统制，所以使中国职工运动很难表现出自己的力量。

三、我们时常处于战争环境，全党注意并集中力量去领导战争，同时为了保存干部，于是大城市许多干部不得不离开而到自己有军队、有政权的地区，在长征过程中更谈不上作职工运动了。殊不知要取得战争之最后胜利，是要靠广大无产阶级起来配合的。所以由于客观的许多原因，使得我们在思想上对职工运动观念薄弱，甚至对工运的忽视。

四、职工运动干部的缺乏。现在一方面“改行”了，一方面牺牲了。我党对职工（运动）干部的培养以新干部代替所损失者之工作作得还不够；党曾经在这方面努力过，而且去年曾创办一个职工学校，但办了没一个多月，因河防紧急，职工学校便完全编掉了……中国共产党开始是从职工运动成家立业的，中共与职工运动是心血相关的，现在我们同志并不关心职工运动，简直是忘了本。

作为中央职工运动委员会书记，邓发的这份报告不仅体现出中国共产党对于工人运动的高度重视，也在客观上阐释了《中国工人》为什么把“二七纪念专辑”作为二次创刊后的第一个宣传主题。其后，毛泽东、朱德、张闻天、王稼祥、任弼时等党的高级领导人均为《中国工人》撰稿，足见中共中央对工人运动和工会工作的重视与支持。

毛泽东、朱德与《中国工人》

毛泽东和朱德是中国共产党及其领导的人民军队的最高领袖，他们对于工人运动、工会工作的重视与支持，也体现在延安时期出版的《中国工人》。

除了为《中国工人》创刊号撰写了发刊词，毛泽东还在1940年《中国工人》第六期上发表了纪念抗日战争三周年和中国共产党建党十九周年的文稿《团结到底》，后来亦被编入《毛泽东选集》。

1940年，《中国工人》第二期的首篇位置发表了毛泽东的文稿《相持阶段中的十大任务》。正如这篇文稿的编者按所说，这是1940年2月1日，毛泽东出席延安民众声讨汪精卫大会时发表的题为《相持阶段中的形势与任务》演说的最后一部分，本刊发表"以作为我们今后行动的方针"。在延安民众声讨汪精卫大会上，还一致通过了毛泽东起草的声讨汪精卫的通电，提出全国讨汪、加紧团结、厉行宪政、制止摩擦、保护青年、援助前线、取缔特务机关、取缔贪官污吏、实行《总理遗嘱》、实行三民主义等10项要求。其后，毛泽东发表的演说改题为《团结一切抗日力量，反对反共顽固派》，起草的通电改题为《向国民党的十点要求》，均被编入《毛泽东选集》第二卷。不过，这篇演说中的“十大任务”部分，在选编时未做保留，这也使得《中国工人》选刊的这部分内容，具有了独特的文献价值。毛泽东说，为了力争时局好转，克服逆转危险，必须强调抗战、团结、进步三者不可缺一，并在这个基础之上坚决执行下列十大任务。一、普遍扩大反汪反汉奸的宣传，坚决揭穿一切投降、分裂的阴谋；二、猛力发展全国党、政、军、民、学的统一战线；三、广泛开展宪政运动，力争民主政治；四、抵抗一切投降、反共势力的进攻，人不犯我我不犯人，人若犯我我必犯人；五、大大发展抗日民众运动，团结一切抗日的知识分子；六、认真实行减租、减息、减税，改良工人生活，给民众以经济援助；七、巩固与扩大各个抗日根据地；八、巩固与扩大进步的军队；九、广泛发展抗日文化运动；十、巩固和发展党的组织。

毛泽东发表这篇演说的背景，是汪精卫在 1939 年底与日本签订秘密条约，承认伪满洲国，将汪伪政府的财政经济政策、工业、农业、交通事业都由日本控制，一切资源由日本任意开发，禁止一切抗日活动。1940 年 1 月，参与“汪日密约”谈判的汪伪高官高宗武、陶希圣逃至香港，通过香港《大公报》曝光了秘密条约的日文原件照片，全国掀起讨伐汪精卫卖国投敌怒潮。

毛泽东的《相持阶段中的十大任务》在 1940 年《中国工人》第二期刊出时，《中国工人》同时发表短评《反对亡国灭种的“日支新关系调整要纲”》，指出：

中国工人阶级是坚持抗战的中坚，是反对汉奸汪精卫及其他投降分子的急先锋……中国工人阶级应在“抗日高于一切”的原则下组织起来，那么就要反对限制与包办工会组织的政策，要求给工人以抗战的民主自由。中国工人阶级在民族统一战线组织下，力求工人阶级组织的团结与统一，才能有效的粉碎汪逆卖国的活动，有力的推动抗战的进步和胜利。

我们为求达到抗战胜利目的，号召全国工人一致起来，千百倍的加紧抗战团结，加强国共合作，巩固统一战线，肃清一切暗藏着的汪派同情分子与托派、顽固分子，争取彻底粉碎汪派卖国协定，争取抗战的胜利。

延安时期，朱德在《中国工人》先后发表过三篇文章。分别是发表于 1940 年第六期的《巩固全国抗日军的团结争取最后胜利——为抗战三周年而作》，发表于 1940 年第七期的《为争取抗战最后胜利而奋斗——为“七七”三周年纪念而作》，发表于 1940 年第十期的《参观边区工厂后对边区工人的希望》。其中，前两篇文章主要谈抗日战争的局势，特别是军事斗争。

1940 年 10 月，朱德不避连绵的秋雨，亲赴边区各工厂参观，“给了每个工厂许多宝贵的指示和恳挚的鼓励”。他特别注意到，有许多外面去的工人，最初不习惯于工人的集体生活，仍然结弟兄、拜把子、入帮会、信迷信。然而，经过大家特别是工人同志自己的耐心教育，政治文化的水平提高，他们就完全理解了自己工作的意义。为此，朱德专门为《中国工人》撰写文章《参观边区工厂后对边区工人的希望》，刊发在 1940 年第十期上。文章说：

> 抗战以来，边区的工人，为着边区工业的发展，有了很大的增加，我们不但已经吸收了许多外来的熟练工人，而且还培养了并且正培养着大量的工人和学徒，替边区经济建设，打下了初步的基础。
>
> 边区的工人，正负担着重大的任务。这个任务是什么？这个任务就是坚持自力更生的原则，从经济上建立现在八路军和新四军巩固的后方，建立未来的新中国的模范区域的基础。

朱德认为，边区工人不是为个人而劳动，不是做任何私人的劳动工具，是在替边区人民做工，替自己做工，有充分的民主的抗日的权利和自由，没有失业的危险，生活更一天天在改善。“正因为边区工人负担着伟大的任务，而且又有最好的工作环境（相当的和平）”，借助这次为《中国工人》撰写文章的机会，朱德对边区工人提出了几点希望：

> 第一，边区工人中，有熟练工人和工人学徒。熟练工人要安心工作，不断提高自己的技术，更要耐烦教育，教会工人学徒真本事。我们的工人学徒，则须要认真努力学习，要

每人都下决心，在最短期间内培养自己成为熟练工人。

第二，边区工人应当爱护工厂，节省原料，尽一切努力来提高生产量和减低制成品的成本。边区工人不是为任何私人的利益而劳动，而是为了抗战为了人民为了自己而劳动，必须尽量做到这一点。

第三，边区的工人应当和农民保持密切的联系，使每一个工厂的工人都成为团结周围农民的核心，要不断帮助他们以提高其政治觉悟，并吸收农民中的大批优秀分子到工厂中来。

第四，边区工人应当加强自己政治文化的学习，努力提高政治文化水平，学习理论，学习先进阶级掌握理论的斗争方法，以培养自己成为一个干部和领导者。

朱德在参观边区工厂时，看见一些工厂的工人家属，比较空闲无事做，就在文章中细心地提出“希望把她们也吸收到生产建设的事业中来”：

例如一些重工业工厂的工人家属，就可以做纺毛纺棉的工作。各工厂的工会，应与厂方共同负责，建立各种小的合作社来进行这类工作，组织纺毛小组，工厂应负责供给她们好的纺纱机。

《中国工人》在刊发朱德这篇《参观边区工厂后对边区工人

的希望》时，专门配发了题为《边区工人的光荣任务与重大责任》的评论。评论说，正当“百团大战”展开之时，朱德总司令除指挥八路军进行战斗之外，同时注意边区经济建设。“我们深信边区工人一定能够担起责任，并且能以实际行动来回答朱总司令的希望”。在此之后，边区一些工厂陆续开始组织工人家属参加生产，这既是落实朱德在文章中提出的要求，也体现出《中国工人》对边区工作重要的指导作用。

延安时期的工运领导者

1940 年 1 月 16 日，陕甘宁边区第二届工农展览会在延安举行。趁此时机，中央职工运动委员会提前一天召集来延安参展的各工厂工会代表，就筹备出版《中国工人》举行座谈会，听取各方意见。

依照 1940 年《中国工人》创刊号“边区工运情报”栏目所载，这次座谈会由中央职工运动委员会书记邓发、副书记张浩主持，十余名参会者分别来自印刷厂、政印所、机器厂、纺织厂、农具厂、制药厂、化学厂、鞋厂、纸厂等单位，边区工人职业归属可见一斑。报道说：

自《中国青年》出版后，各地各业先进工人，职运干部及一切关心职运的人士，均不断提议出版《中国工人》，特别是边区各工厂工友，要求得更迫切，如印刷厂的工友已将出版的样式拟好，印刷所机器厂的工友并已组织《中国工人》准备会。难民工厂的工友则已决议将文化教育费的百分之一作为《中国工人》的经常费。边区总工会的管瑞才、姚锡根同志等更是各方奔走，并承认每月从文教费中捐出一百元作出版《中国工人》的经常费等等。中共中央极力赞同此种要求与行动。这些均足以说明中国工人阶级的进步与觉悟程度。

中央职工运动委员会乃乘此次工农展览会的机会，于一月十五日招待来延与会的各工厂工会代表，并举行筹备出版《中国工人》座谈会。由邓发、张浩两同志提出各方对出版《中国工人》的要求及筹备创刊《中国工人》的意见，征求各代表的意见，一致认为：为了宣扬中国工人参加抗战建国工作的成绩，号召中国工人坚持参加抗战建国的工作，提供对全国职工运动的意见，并介绍职运理论与工作经验，报道各地工会活动与工人生活状况，特别是边区的职运与工人生活状况，诚有从速出版的必要，而且更适合各地各厂工友的热烈要求，遂由当日出席的代表发起成立《中国工人》筹备委员会。除到会各同志参加筹备会外，尚有管瑞才、姚锡根、毛远□等也被选为筹备委员，并推邓发、张浩、赵平、希文及总工会为编辑委员，即着手进行编辑工作、创刊号定“二七”出版。

通过这则报道，可以看出作为中央负责工人运动和工会工作的领导人，邓发和张浩为《中国工人》的二次创刊付出了大量心血。张浩还专门撰写文章《“二七”的意义与经验教训》，发表在1940年《中国工人》第一期上，里面特别提到《中国工人》确定在2月7日出版的缘由：

> 《中国工人》之所以要在“二七”出版，就因为要继承“二七”的光荣传统，要宣扬和实现“二七”留给我们的许多经验教训，要完成“二七”所未完成的任务，要把它变成中国工人的好友、学校、工厂、兵营、战场、园地。它虽然迟至今天才呱呱坠地，可是它在十七年前便已孕育，它是“二七”烈士的血、林祥谦同志的血、施洋同志的血及以后许许多多烈士的血所结成的，它决沿着这条血路前进，它确信：它的前途是艰难的，同时更是光明的。

张浩是中央职工运动委员会副书记，为《中国工人》撰文是分内职责。在1940年《中国工人》第二期“三八纪念特辑”中，他还发表了《对女工运动的一点意见》。然而，仅仅一个多月后的4月30日，他在出席延安人民庆祝“五一”国际劳动节大会时，突发脑溢血，从此长期卧床无法工作了。1942年3月6日，张浩病情恶化，不幸逝世，时年45岁。3月9日公祭仪式结束，毛泽东、朱德、任弼时、杨尚昆、徐特立等亲自将棺材抬到桃花岭上安葬。据史料载，这是毛泽东一生中唯一一次执绋抬棺。

张浩原名林育英，1922 年加入中国共产党，是著名的工人运动领袖。1924 年冬，在领导上海工人进行集会斗争时，他被军警的刺刀戳中头部，留下严重后遗症。抗日战争爆发后，他因伤病调回延安，一边治病一边负责工运工作。在延安时期《中国工人》刊登的“职工运动丛书”广告中，《马列主义与职工运动》《工人运动参考材料》《职工运动教程》都是张浩编著的。

延安时期的《中国工人》还有一位重要的撰稿人，他就是中央职工运动委员会书记邓发。他不仅主持杂志编务，还为《中国工人》写了许多文章。延安时期出版的 13 期《中国工人》中，就有 7 期刊登了邓发的文章。

1940 年《中国工人》第三期上，刊出了邓发的文章《中国职工运动目前的任务》，提出必须为中国工人运动组织上的统一而斗争，为达到此目的，必须同一切抗日党派、致力于职工运动的人士在统一战线的基础上实行合作，去为中国工人组织的发展和统一而斗争。邓发强调：

> 我们要为改善工人生活而斗争。因为工人阶级在抗战中起了很大的作用，今后仍需要他起更大作用。因此不改善工人的生活是不行的。但有许多人在这时期还乘机剥削工人，不愿工人生活下去。我们党提出的目前十大方针中，有改善工人生活的一条，并且适当提出了改善工人生活条件。我们反对汉奸汪派及顽固分子欺骗工人组织的阴谋，反对只准少数人发国难财而不准工人改善生活的倒行逆施的办法。

应注意大量吸收工人党员。党内工人党员的成分在党整个比例组织上是很弱的，农民、知识分子占有相当大的数量，这些人到我党内，固然已决定了为工人阶级而奋斗，已经接受了无产阶级的思想与意识，并为无产阶级服务。但党必须特别注意我党的组织阶级基础，吸收广大工人到党内来，我们应当把这个问题不只要看作是严重的组织任务，而且这个任务之执行有着严重的政治意义。

各级党部都应有计划的教育与提拔工人干部。这在我们党中央已注意实行，如在党校、马列学院学习的工人同志，假若工作不特别需要时，决定让他们继续学习、提高其文化政治水平，使其成为更坚强的干部，并由中央职工委员会出版《中国工人》作为职工运动的专门刊物，以供中国工人之需要。在党部和机关中应提起严重注意。为要达到上面之目的，我们就要反对党内轻视职工运动，看不起职工运动的倾向，反对因工人干部文化落后而不愿耐心教育和提拔之现象。往往以文化水准为提拔干部标准的倾向是要不得的。不如此，工人运动不易发展的。

邓发的另外一篇文稿《中国妇女职工及其活动状况》，刊发在1940年《中国工人》第十期上。他把中国女工定位为中国工人阶级的一部分，提出中国女工在数量上在革命斗争中都是不可轻视的力量，同样具有坚强的革命性和斗争的坚忍精神，致力于妇女运动的工作者应当注意致力于女工运动。文章最后强调：

一切共产党员和进步的革命青年，必须经常体验最受压迫的女工农妇的痛苦，并看到她们的力量与前途；认识到离开广大劳动妇女的运动是不会成功的，只有最受压迫的妇女们起来，妇女的解放才会到来。女工是妇女中无产阶级的骨干，培养与领导她们是共产党员尤其是女共产党员的责任……一切致力于妇女运动者应朝着这个方向前进，才能达到解放妇女的目的。

邓发的经历颇具传奇色彩。他参加过香港海员大罢工和省港大罢工，出任过工人纠察队队长，1925 年 10 月加入中国共产党，1934 年在中共六届五中全会上当选为中央政治局候补委员，分别担任过苏区和边区的政治保卫局局长，埃德加·斯诺就是由他接到了陕北苏区。斯诺在《西行漫记》中描述说："邓发是中国共产党秘密警察的头子，而且还有悬赏 5 万元要他的首级……这个鼎鼎大名的'共匪'，就生活在敌营的中心，不把到处追缉他的特务放在眼里。"

1940 年初，邓发任中共中央党校校长，后又接替刘少奇兼任中央职工运动委员会书记，主持编辑《中国工人》。1945 年 4 月，邓发作为解放区唯一的工人代表，参加中国劳动协会代表团，出席了在巴黎召开的世界工人联合会成立大会，并当选为理事和执行委员会候补委员。1946 年 4 月 8 日，邓发与王若飞、秦邦宪（博古）、叶挺等从重庆返回延安时，因飞机失事不幸遇难。

除了张浩和邓发，延安时期的《中国工人》还报道过另外一位早期工运领导人，他就是当时的中央职工运动委员会委员朱宝庭。

1940 年 12 月 12 日，由中共中央职工运动委员会发起，中央领导及延安各界代表集会为朱宝庭六十诞辰祝寿。祝寿活动由中央职工运动委员会秘书长李颉伯主持，朱德代表中共中央和八路军将士致贺词，林伯渠代表陕甘宁边区政府致贺词，张闻天、邓发出席。张浩也在病榻上写了长信向朱宝庭贺寿，并赠送了一件由冀察工人游击队缴获的狐皮大衣。

六十岁的朱宝庭没有家庭，“无儿无女、无分文的积蓄，口里只有三四个无力的牙齿，上唇则是盖不住牙的缺嘴，手指头只剩下七个，眼睛则是半瞎”，但是，党没有忘记这位早期工运领导人，用一次高规格的寿诞礼遇向工人阶级致敬。

朱宝庭生于 1880 年，14 岁开始在英商太古公司的轮船上当杂役，受进步思想影响，在水手中发起成立工人组织，参加发动上海海员大罢工。1922 年，他加入中国共产党，出席了第一次全国劳动大会。此后，他历任全国总工会候补执委和执行委员，直至 1936 年被国民党在上海逮捕入狱。抗战爆发后，他被党组织营救出狱送到延安，担任中央职工运动委员会委员。

朱宝庭的革命经历与中国工人运动紧密相连，他受到大家的敬重和爱戴。依据 1941 年《中国工人》第十二期所载的《象征了中国工人的光荣前途》一文，朱宝庭在祝寿会上感动地说：

在中国历史上，为一个老工人做寿恐怕还是第一次……但我今天做寿还是初步，希望在座的工友同志转告所有的工友们，要努力去发展边区的经济建设，使边区成为全国的发动机。等到你们六十岁时，那时中国恐怕已在最自由幸福的时代，做起寿来一定比我还快乐！

同样是这一期《中国工人》，专门刊出了《朱宝庭同志传略》，详细介绍了朱宝庭的人生传奇。文章的最后一段，充满深情地为这位富有传奇的工运领导人送上祝福：

现在朱宝庭同志是中共中央职工委员会的委员之一。他的生命史是和中国职工运动史密切联结着的。虽然他今年已经是六十高龄的人了，但他精神矍铄、步伐稳健、热情愉快，不亚青年，而在事实上他也常和青年打成一片的。工厂的工人，乃至学校的学生，都很喜欢听他的讲演，因为他有丰富的经验，又有善于鼓动宣传的天才。

朱宝庭同志是革命的前辈、工人的领袖，全国人民——尤其工人阶级都爱护他，尊敬他，都希望他永远能像今天那样的康健！

字里行间看边区

《中国工人》在延安的二次创刊，既是延续中国共产党1924年创办这本刊物启蒙工人觉悟的使命，更是意味着要发挥边区根据地出刊的全新优势，以新的形象展现在广大工人读者面前。

与1928年到1929年在白色恐怖之中伪装封面、秘密发行相比，在中共中央所在地公开出版和发行的《中国工人》，已经不可同日而语了。毛泽东在《〈中国工人〉发刊词》中提出的“多载些生动的文字”的要求，包括“以通俗的言语解释许多道理给工人群众听”，“报道工人阶级抗日斗争的实际”等，都在延安时期的《中国工人》办刊实践中得到了切实贯彻。

从1940年《中国工人》第一期开始，这本刊物更加直接地面向职工群众，宣讲党的方针政策，报道边区及各根据地工会、工厂、工人的情况，同时注意普及国际工运动态和工运历史知识。

1938年4月，陕甘宁边区第一次工人代表大会在延安召开，毛泽东到会讲话，刘少奇作了形势报告，宣布陕甘宁边区总工会正式成立。与此同时，晋察冀、晋东南、晋西、山东、太行区、华中各根据地也相继成立了总工会。到1940年，陕甘宁边区及各抗日民主根据地工会会员已有50余万人，包括矿山、铁路、邮工、码头、农业、渔业和各种手工业工人。

针对这一情况，1940年《中国工人》第一期刊出林伯渠的文章《发挥边区工人的力量》，明确提出陕甘宁边区生产运动的光辉成绩，是依靠着边区工人的政治觉悟与伟大力量来完成的，边区工人有了自己的组织，再不是散漫的受人压迫的一群，确定了自己应走的正确道路。文章说：

现在摆在边区工人前面的任务，是更加巩固自己的组织、加强自己的教育、保证完成边区的生产计划、克服经济的困难、增加抗战的力量，来准备对敌人反攻。在全国还存在着严重的投降分裂的危机的今天，我们应站在自己的岗位上，巩固与保卫陕甘宁边区，动员与组织全国人民，来拥护抗战团结与进步的事业。

正因为我们边区工人是全国一部分先进的力量，我们也就对全国负着更大的责任，应该不仅看到局部的利益，而要看到整个的利益，不仅为今天眼前切身的问题而斗争，还要为明天远大的理想而献身！

延安时期的《中国工人》几乎每期都有《发挥边区工人的力量》这样的文章，及时向广大边区工人宣讲党的路线、方针和政策。同时，大量关于边区及各根据地工会、工厂、工人的报道，也成为每期《中国工人》的“重头戏”。

第一期——

刊出边区通讯《新的管理制度与新的劳动态度》，报道了八路军印刷所实行党支部、行政、工会“三位一体”的管理制度，培养工人管理“自己的工厂”，从而激发了新的劳动态度。同时刊出华北通讯《反围攻斗争中的晋察冀边区工人》。

第二期——

“三八纪念特辑”刊出通讯《给延安的女工们》，“女工生活对照”专栏刊出《陕甘宁边区的女工待遇》《我初进工厂》。

第三期——

刊发《中国职工运动目前的任务》，节录了邓发在“二七”纪念大会上的报告。《工人中的宪政》则集中阐述了国民党推出“五五”宪法的虚伪性，号召广大工人按照中国共产党的意见，要求“民主的宪政”，并在工会的下面，组织宪政运动筹备会等具体的行动。

第四期——

发表中央职工运动委员会职工大队副大队长董昕的长篇调查报告《灵山的矿工》，介绍了河北曲阳灵山镇各煤矿工人在晋察冀抗日根据地建立前后的生活变化。一是建立了工会组织和武装自卫队，支持抗日政府，支援抗日军队；二是在政治、文化、教育方面有了进步，开始扫盲识字、讨论国家大事；三是改善了工资待遇与劳资关系。文章还专门提出，“工人中真正识字、能写豆腐账的还不多，工会干部中仍有不大识字的”。

第五期——

报道陕甘宁边区总工会第三届扩大执委会精神，特别关注“民主、深入与强固组织的关系”，直率批评“有相当数量的中上级干部，他们还不懂与不相信工人会运用民主，不习惯和不善于真正埋头钻入工人群众中去，熟悉他们跳跃的每一次脉搏，关心他们日常每一个大小问题，而用变相的命令、摊派，自上而下的方式，去代替经常的艰苦深入工作”。

第六期——

刊发《注意两个问题上的错误倾向》一文，批评有的边区工厂工会在团结、教育工人和改善工人生活问题上的错误倾向。文章指出：“边区的工会工作一不是经济斗争，二不是政治罢工，正因为这样，工会对工人的教育就放松了，对工人的生活与需要，好像不必过问了，这种漠不关心的错误，小则失去工人对工会的信仰，大则脱离群众，工会会变成官僚机关，这是非常危险的。”

第七期——

刊发来信《边区工会工作的缺点》，指出工作计划性不够、检查工作不够、会议制度不健全、教育工作不深入不具体以及不注意财产保管等问题，希望“各工会经常在《中国工人》上互相交换工作经验，讨论工作问题，发扬民主精神”。

第八期——

刊发《边区印刷厂工会是怎样长大的》。编后记说：“要使本刊能多登载关于工会问题的讨论与工作经验，以及对工会工作的批评与建议，主要还是要靠从事工会工作的同志的努力，因为你们在实践中所提出的问题是具体的，所得出的经验是真实的，所说出的批评与建议是中肯的。”

第九期——

刊发通讯《边区印刷厂的初级工人教育》，同时刊发介绍冀东著名抗日民族英雄节振国的长篇人物通讯。

第十期——

刊发《一年来晋察冀边区工运概况》和《“五一生产学习竞赛”总结》。

第十一期——

刊发短评《边区劳动合同的颁行与工人生活的改善》、来信《建议在工厂中推广新文字运动》，发布文件《陕甘宁边区战时工厂集体合同暂行准则》。

第十二期——

在迎接新的一年之际，刊发《本刊诞生一周年与迎接一九四一年》，总结了办刊经验的同时，向全国工友发出“巩固与扩大工人阶级的团结与组织”“参加到抗日军队与游击队中去”“积极参加有利于抗战的生产”等六点号召。

第十三期——

发表《关于女工工作的几个问题》《华北的村工会工作》《山西的基点村工会工作》，分析当前形势和现状的同时，非常明确地提出工会工作的任务。文章虽然篇幅不长，但具有非常明确的工作指导性。

提高政治认识，强化革命信念，传递边区工厂、工人和工会的新经验和新风貌，这是延安时期《中国工人》的鲜明特点。大量报道边区的内容，不仅介绍了革命工厂的生产生活状况，还介绍了根据地工会的工作经验，有助于把根据地的广大工人团结起来，拓展工人群众的视野思路，深得工人群众的拥护与喜爱，为工人运动的深入开展起到了重要的指导与推动作用。

写工人，工人写

延安时期的《中国工人》十分注意与读者的交流和互动，第一期便刊发编辑部答读者问《〈中国工人〉要些什么文章？》，提出《中国工人》是工人的喉舌，也是工人练习写作的园地，需要三类文章：

> （一）对于职工运动的意见，对于改善工人生活的意见，对于宪政运动的意见，对于抗战建国的意见；
>
> （二）关于工厂速写、劳动英雄素描、生产运动特写、工作经验报告、生活通讯、工会活动以及其他各种活动消息；
>
> （三）此外如小品文、诗歌、小调、民谣、谜语、故事、笑话、自传、日记、小说等等，都非常欢迎。

为了吸引更多的职工来稿，《中国工人》编辑部多次发布征稿启事，申明《中国工人》是工人自己所创办的，各地的工友们要经常地踊跃投稿，只有这样才能使《中国工人》的内容更加丰富、新鲜而活泼。这些征稿启事说：

“边区工运简讯”是反映我们边区工人生活的园地，也是联系边区工人的桥梁，同时也是宣扬边区工人优良作风的号角，希望各工厂和各级工会要经常将你们活动的消息寄来，使《中国工人》每期都能看到你们生动活跃的姿态。如未成立通讯小组，请即成立起来，并望将小组名单送到本社，以便经常通讯接洽。

各工厂所编的壁报，有很多精彩的文章、宝贵的意见和生动的消息，这些都是工友们的精心杰作，有许多是值得向外介绍与发扬的。现在既然有了工人自己的喉舌——《中国工人》，就应当利用它来传播到全国去，不能再让它局促在狭窄的工厂范围内了。

因此，请各工厂工会把今后所出的壁报或工厂小报，在你处张贴之后，就寄到本社来，如须退还的，则用过后，当即原件归还。事关充实《中国工人》的内容与发扬边区工人的新生活，希望各工厂工会按期将壁报寄来为盼，此启。

从广征各类稿件到建立通讯员队伍，甚至连工厂壁报都要征集，《中国工人》编辑部可谓尽心尽力地贴近工人。从第三期起，《中国工人》还特别开设了“工人习作”栏目，专门刊登工人自己写的工厂通讯、工会活动、学习体会等。编辑部为此发布启事：

毛泽东同志说，“《中国工人》应该成为教育工人、训练工人干部的学校，读《中国工人》的人，就是这个学校的学生。”我们为了要使得不认识字的工友们都来做这个学校的学生，所以本刊特辟一栏“工人习作”，专登载工友们自己所写的短篇文章，使开始学习的工友们有比较短小浅近的文章好读，同时，使初次学习写作的工友们也有一个发表的地方。

“工人习作”里面的文章，就是工友们自己所写的生动的切实的读本，希望开始学习的工友们要很好来读它。“工人习作”既然是工友们发表意见的园地，就希望初学写作的工友们，不要怕自己写不好就不写。请你们大胆写来，就是写不好、写不多都不要紧，只要你们把自己想要说的话，想要发表的意见，想要说出的感想，想要记下的事情，想要讨论的问题……把它写出来就很好了。能够写的多写些，不能写的少写些，写好了寄来本社，有人专门给你们看，帮助你们修改。可以发表的就在《中国工人》登载出来，不能发表的修改后就寄回给你们，这样一来还可以帮助你们学习写文章。

工友们！《中国工人》这个学校要想把它办好，就要请你们多多给它写文章。

在发布这则启事的同时，《中国工人》当期先发表了四篇工人习作，分别是《愉快的学徒生活——边区印刷厂速写》《过了两种学徒生活的我》《一个鞋工的自白》《我的童工生活》。

征稿启事发布后，得到边区工人的积极响应，《中国工人》继续选刊新的工人习作。比如，第四期刊出了《初学写通讯》《由被动走向主动》《劳动英雄的故事》，第五期刊出了《五一在边区印刷厂》《开荒花絮》《应当怎样学习》，第九期刊出了《我是怎样识字的》，第十一期刊出了《来，我也参加一个》和《一个养成工的遭遇》。这些出自工人之手的短文章，文笔虽然青涩，文风却很朴实，自然受到工人读者们的热烈欢迎。

1940 年 10 月，茅盾先生从新疆经兰州、西安到延安，在鲁迅艺术文学院和陕甘宁边区文化协会讲学时，读到《中国工人》发表的这些工人作品，高兴地写下《喜悦和希望——读〈中国工人〉的文学作品以后》一文，发表在 1941 年《中国工人》第十一期。茅盾先生在文章中说：

> 在《中国工人》上，读到了不少篇作品，很使我高兴。这些作品，并不是虚构夸张的英雄的故事，而只是知道自己的价值，认清了自己的使命，站在生产战线上，刻苦地而又愉快地工作着的边区工友们的生活记录；这些作品，并不需要什么瑰丽的字句来掩饰内容的空虚，也不需要什么造作的紧张场面来掩饰感情的浮浅，相反的，它们是真挚、质朴，自然而然激动了读者们——没有偏见的读者的心！
>
> 有几位作者，在昨日以前还没有提笔写过什么所谓文学

的东西，甚至还是半文盲，然而他们今天写了；他们为什么要写，一不是为了自我表现，二不是为了想做什么作家，他们要写，只因在民主自由的环境里他们能为民族的解放贡献他们的力量。为了民族，同时亦为了自己，他们情愿吃小米饭，情愿在八小时以外贡献一小时的义务劳动，他们学习，他们受教育，他们改造自己，是这样的担负起艰巨任务的自觉心，这样的为民族为自己而工作的愉快，使他们要说话，要把他们的喜悦和决心，告诉他们的同伴，告诉其他还没有得到这样的幸福的人们。

茅盾先生认为，这些工人的写作动机是纯洁的，写出来的作品自然真挚而生动，粗壮质朴也是一种美。因此，他对正在练习写作的边区工人提出了两点希望：

我的第一进言，就是不要惑于一般所谓技巧之说而踌躇起来，或者惑于所谓艺术的洗练之说而刻意追求；暂时不管这一切，只是大胆地照自己的样子写下去，依着自己最真挚的情绪、最深切的印象，写出来就是。

我的第二进言，就是在技巧这方面，固然要学取既成的技巧而化为己有，但不能以此自限，而要创造出新的合于“劳动的律动”的技巧，把劳动组织和机械的运动，反映在技巧中，以补充我们文学技巧上的偏枯与不足。

工人的生产与学习，这是始终贯穿延安时期《中国工人》的内容主题，第四期“五一特辑”出版时，加框印上了“用生产学习竞赛的实际行动纪念五一节”的大字标语。《中国工人》编辑部还特别提出，教育要“照顾到工人的困难，要适合工人的休息时间”，教材要“适合他们的需要，要用各种活动吸引工人”。

在各个根据地，工厂墙报是工人日常学习的有效形式。1940 年《中国工人》第五期发表了一位署名“若望”的工人来稿《谈办工厂墙报的经验》，他用自己的实例提示大家注意以下四点：

> 一、要争取合法地位，贴报自由；二、字要写得大，要有图画，文章要短小通俗；三、要把墙报（办）成为工人的组织者，要培养大批工人撰稿者；四、贴的地方要在工人下工时最易集中的地方。

1940 年《中国工人》第六期，还刊发了署名“福兴”的工人短诗《作墙报》。不到 80 个字的八行诗句，特别适合在工人之间口口相传：

> 要作墙报自己作。
> 不会作，要学作；
> 学会作，就好作。
> 作不熟，常常作；

作不好，多作作。

作！作！作！

作到老，学到老！

死了才不作！

为了使整本刊物丰富多彩，延安时期的《中国工人》每一期的封面，都采用了木刻作品，第九期更是用了一组八幅木刻，反映印刷所工人的生产与生活。选刊的文稿则涉及诗歌、谜语、漫画、读者来信、调查资料等各类体裁，让不同兴趣的读者都能找到自己想要阅读的内容。

延安时期，《中国工人》不遗余力地报道工人运动，每一期都有反映工人生活的内容。1940 年《中国工人》第七期直接成为“工人生活特辑”，集中刊出各地工友们所寄来的稿件。其中，既有《延安第一机器厂活跃的青工》这类讲述根据地工人生活的文章，也有《重重压迫下的工人生活》《邮局苦力的生活》《天府煤矿的矿工生活》等反映国民党统治下劳工窘况的文章。

编发这些工人来稿的同时，《中国工人》编辑部专门配发了《编后记》，指出这些生活实录既有黑暗的阴影和悲痛的消息——如大后方的工人生活，也有反映出光明的图画——如边区与晋西北工人的生活。《编后记》说：

只有给工人以民主自由，适当的改善工人生活，中国工人阶级的劳动热忱一定能大大的提高；中国工人阶级的抗战力量才能得到更大的发挥。而这对于争取抗战胜利也有决定意义的。

技术工人、义务工时与劳动合同

1940 年 10 月，朱德参观边区工厂后，专门为《中国工人》撰写文章《参观边区工厂后对边区工人的希望》，并不是心血来潮，也不是编辑部的命题之作，而是缘于边区经济建设的迫切需要。朱德在文章中提出的“吸收外来熟练工人”“培养工人学徒”等要求，都是有现实针对性的。

延安时期，《中国工人》出刊时，曾经连续刊登《陕甘宁边区各工厂招聘技术工人启事》：

> 我们为了增强抗战力量，促进经济建设，提高技术，发展生产，招聘棉毛、纺织、制革、采矿、冶金、化学工艺、造纸、畜牧、园艺、机器修造、印刷等技术工人，待遇从优，愿应聘者，请函延安信箱十号接洽。

这则招聘启事的背后，反映的是延安时期陕甘宁边区工业的发展以及抗日根据地对于技术人才的渴求。

20 世纪 30 年代，陕甘宁地区地瘠人贫，经济落后，除了生活必需的少量简陋的手工业，基本没有什么现代工业。1940 年《中国工人》第二期所载《陕甘宁边区的女工待遇》称，“陕甘宁边区的本地老百姓，对‘工厂’两个字的意义，是很困难了解的。那时边区不独没有一个工厂，就是识字的老百姓也不到百分之一”。

红军长征到达陕北后，带来了一个军用修械所，随后又建立起小规模的被服厂、印刷厂。全民族抗日战争爆发后，国共再次合作，形成统一战线，边区开始加快经济建设，招纳各类人才。1938 年 2 月，上海 8 名工人带来 10 部机器，参与建立边区机器厂。到 1940 年，边区已经有了机器、印刷、造纸、农具、毛线、纺织、被服、植物油、化学、肥皂及药品原料等工厂。

1940 年《中国工人》第十期刊出的《边区工业发展指数统计》显示，若以 1936 年为 100%，1937 年、1938 年、1939 年的工厂数分别为 133.3%、333.3% 和 533.3%，工人数分别为 117.6%、196.1% 和 433.4%，资金数分别为 112.5%、475% 和 534.6%。从这些统计数据来看，边区工业自抗战以来发展迅猛。但是，现代工业滞后和产业工人极少的问题，依然十分突出。边区工业发展，迫切需要引进大批技术工人。

这样的背景下，边区政府竭尽所能，为外来技术工人提供优厚的经济和政治待遇，《中国工人》招聘广告所言“待遇从优”并非虚言。外来技术工人到延安以后，会先被安排在抗日军政大学职工大队学习，而后进入公营工厂工作，工资待遇高于边区供给制条件下任何一级政府工作人员，也略高于全国其他地区。当时，一个熟练技术工人的月工资是18—38元，艾思奇这样的教员或主任教员的津贴费不过是每月10元，红军出身的各级干部的津贴费更是只有4—5元。要知道，1938—1939年，延安的猪肉每斤只售二角，一角钱可以买到十来个鸡蛋。

除了经济待遇，延安的外来技术工人不仅有“充分娱乐运动的机会”，“工人自身及家属的生活问题，都有了保障”，还有了从未敢想的政治权益，包括直接的选举权和被选举权。1940年《中国工人》第三期刊出了一篇《一个鞋工的自白》，作者圭化便是从太原来到延安的鞋厂技术工人。他说：

> 为什么在外面做工就如牛马一样被人打骂，被人看得一文不值呢？在这里为什么我们工人能够过着自由、平等、快乐的生活呢？在这里为什么好像回到自己的家里一样呢？以前我不明白这道理，在今天我可明白了。因为这里有我们工人阶级的政党——中国共产党，有了民主的边区政府，而这政府又是我们自己的，所以这里是我们工人的家，我们工人在这里就是主人。在外面做主人的不是我们工人而是资本家，资本家要剥削我们、压迫我们，在这里做主人的就是自己，在自己工厂做工，没有压迫和剥削人的这些坏现象存在。

其实，对技术工人给予优厚待遇，固然是边区经济建设的需要，同时也是边区政府为广大人民群众谋福利的实际行动。

1939年12月，陈云在边区第二次党代会上强调，不论党、政、军、民各团体都应该注意，把改善群众生活的工作做好。基于这样的执政理念，边区工会把改善工人生活作为工作重点，邓发还在《中国工人》发表文章提出，“我们要为改善工人生活而斗争。因为工人阶级在抗战中起了很大的作用，今后仍需要他起更大作用，因此不改善工人生活是不行的”。

党和边区政府的关心与厚爱，中央职工运动委员会和边区总工会发挥的思想政治引领作用，极大地激发出广大工人的工作热情。1940年9月，延安八路军印刷所全体职工向边区工人发出倡议：“为了争取抗战最后胜利，建立新民主主义的新中国，自动要求政府每天增加一小时的义务工（包括加工六小时改为七小时），星期六工作六小时改为八小时。”

《中国工人》编辑部迅速关注到这一倡议，及时组织撰写评论《边区工人劳动热忱的高度发扬》，刊发在1940年10月1日出版的《中国工人》第九期上。该评论说：

> 我国正处于空前投降危险与空前抗战困难的时期。八路军印刷所职工的提议，正是工人阶级以实际行动来克服这种危险与困难的表示。由此也证明了：由于边区工人生活于最进步的真正为广大民众所共有的新民主主义政权下，获得了民主自由，获得了生活改善，才能够发挥抗战力量和劳动热忱，才能够自发自觉的积极参加各部门的生产劳动，才能够对于政府的经济建设更加关心与爱护，才能够提高自己的觉

悟程度。

印刷所职工们的这一提议，无疑的要得到全边区职工们的响应。而这一提议的实行，对于边区的经济建设是有很大贡献的，不仅边区的生产将更加提高，劳动热忱将更发扬，而（且）边区的工业将更发展，抗战的力量将更壮大！

在此之后，《中国工人》又发表了《陕甘宁边区总工会为增加工时与响应边区党委政府开荒20万亩的号召告边区工友书》，并且陆续报道了边区各工厂响应提议增加工时的动态。这些有关义务工时的宣传和动员，让广大边区工人自觉焕发出生产劳动的积极性，更加自觉地投入火热的边区生产之中。

在充分肯定义务工时的同时，《中国工人》关注到陕甘宁边区总工会颁布的《陕甘宁边区战时工厂集体合同暂行准则》，敏锐地认定这是边区工人生活与工会工作中的大事，迅速在第十一期刊发短评《边区劳动合同的颁行与工人生活的改善》。该短评说：

现在边区的工时规定为八小时工作制，加上边区工人自动要求增加的一小时义务工，与一小时的学习技术的时间，一共不过十小时，这个工作日就在全国范围内仍然是最短的。

就工资上看来，集体合同暂行准则规定的最低工资十六元，最高工资不得超过四十元，并提出有特殊技术的工人另行估价。在名义工资的定额与边区以外相较似不见怎样的高，但如果把边区工人实际所享受的待遇计算起来，则比全国任何地区工人的所得要好得多。譬如：厂方供给了工人的宿舍和必需的家具以及公共的灯火；厂方为工人设备厨房和必需的厨具，并供给伙食管理员与炊事员以及运输上的便利；不仅仅如此，工人患病，获得免费入医院治疗的权利，病中工资照发；久病休养，除给予一定生活费外，还得到一定的津贴，并保留其工作岗位；如果因公伤亡，则与为国牺牲的将士同等待遇，除发给一定的平均工资外，并照政府颁布的抚恤条例办理；特别是女工，于生产前后有两个半月的假期，工资照发，生产与小孩均能领到一定的津贴；小孩较多的工厂，厂方且予以各种的便利帮助工会成立托儿所。此外，并规定边区工人休息的权利，此种权利在世界上只有苏联工人才获得了；但边区工人除例假与每逢星期日休息外，凡工作满一年，事假与病假不超过限度者，都能享受到两星期的休息权利。以上所说到的，在苏联固然早已实行了；可是在中国，为一般工人所梦想不到的，而陕甘宁边区的工人在今天，则已获得了此种权利。

《陕甘宁边区战时工厂集体合同暂行准则》是迄今见到的最早由人民政府颁布并赋予工会重要权利的集体合同规定。为了宣传这一战时劳动合同的准则，《中国工人》还专门介绍了资本主义国家的工作日制度与劳动状况，以及苏联冶金工人的生活与工作。由此可见，在动员广大工友以最高的劳动热忱、崭新的劳动态度“来迎接这新合同的施行”方面，《中国工人》主动发挥了自己的重要作用。

从《中国工人》到《解放日报》

《中国工人》在延安二次创刊后，为了扩大《中国工人》的发行和影响，中央职工运动委员会通过《中国工人》编辑部发出组织读者会的启事：

> 为要使《中国工人》深入到每个角落里的工人中去，因此，不仅是要求你们代本刊广泛地推销，征求基本订户，而且更要求每个读者细心的阅读它，研究它，希望你们马上成立《中国工人》读者会，组织全厂的、全乡的读者，经常阅读和讨论每期中的重要文章，有疑难的地方，对《中国工人》有什么意见和批评，请多多的提供本刊，我们一定能及时的答复。

边区各工厂工会积极响应中央职工运动委员会号召，纷纷发起组织通讯网、读者会，并且发动职工群众募集资金，帮助编辑部解决困难，印刷厂职工还义务加班赶印《中国工人》。编辑部在每期杂志上都要刊登捐助名单，以表谢忱。

1940—1941 年是抗战最艰苦的两年，在日军“扫荡”、国民党封锁及自然灾害的侵袭下，抗日根据地的财政遇到了极大的困难。在这样的条件下出版、发行报刊，面临的窘境可想而知。在延安担任《中国工人》编辑的陈用文晚年回忆说：“当时的出版物绝大多数是用边区生产的马兰草做的马兰纸，又黑又粗，连解放日报都是用马兰纸印的。”

延安时期的《中国工人》每期零售定价 1 角 5 分，年定价 1 元 2 角。对于边区的普通工人来说，这样的定价尚在可以承担的范围。依照 1941 年《中国工人》第十二期所载《抗战以来西安工人的生活》核算，《中国工人》的单期定价在西安相当于面粉 7 两或小米 1 斤，年定价相当于面粉 5.6 斤或小米 8.4 斤。

即便如此，困难依然存在。1940 年《中国工人》第五期发表编者的话：“近来因为印刷的困难和纸张的缺乏，各种刊物的篇幅均将紧缩。本刊也不得不在这紧缩的原则下，将文章的篇数与字数加以减少，而提高文章的质量。以后来稿请注意内容的充实与精确，并望力求通俗短小，最长勿超过三千字。”

1941 年，《中国工人》编辑部又宣布，从第十二期起，“由于印刷和纸张困难，改为双月刊”。第十二期出版恰逢《中国工人》在延安二次创刊一周年，编辑部致读者称：

中国工人阶级自己所办的杂志——中国工人已经出版到十二期，刚满了一周年。为时虽短，但基本上在读者的赞助与同人的努力之下，总算建立了职运刊物的模型，反映了敌后、大后方、特别是华北和陕甘宁边区的工人生活状况与斗争的情形；同时反映了国际工人阶级及海外华工一些斗争状况。从一般刊物看来，它已成为一种专门关于职工运动的刊物。另一方面，也扩大了它的影响，团结与组织了广大的工人群众。

本刊今后由于印刷上的困难，篇幅又将减少三分之一，因此，在内容方面将力求短小精悍，多反映工人阶级在生产、学习，抗敌动员、武装参战的活动情形；有系统的来介绍工作经验与职运理论；改善发行，扩充通讯网，使其影响更加扩大，并能多多吸收各地来稿；此外当注意大众化，务使能适合工人大众的阅读。

1941年起，边区财政越发困难。1941年3月8日出版的《中国工人》第十三期，刊出了募集《中国工人》出版基金启事：

现本刊正着手改善内容，整顿发行，使更能满足读者的要求，但本刊经济基础极为薄弱，且在今日抗战艰苦条件下，即欲继续出版，也感困难。为此特发起募集《中国工人》出版基金，深望各地各级工会工友们及关心中国工人阶级解放事业的各界人士，本平日爱护《中国工人》之精神，踊跃捐款。本刊只有在广大工人和读者援助之下，才能使其日臻健壮，而不致中途停刊。

即便如此，自第十三期以后，《中国工人》再未在延安出版。当年在延安中共中央政治研究室和中央宣传部工作的曾彦修回忆："1941 年整风报告以前，延安所有报刊统统停了，《八路军军政杂志》《中国青年》《中国妇女》《中国工人》等，全停刊了。"

曾彦修所说的佐证是，1941 年 5 月 25 日，中共中央发出《关于统一根据地内对外宣传的指示》，其中提出根据地物质条件相当困难，难以维持数量众多的报刊出版发行，因此"集中力量办好一两份权威性大报，就成为亟待解决的问题"。这里所说的"权威性大报"，就是延安时期影响最大、历时最长的《解放日报》。

1941 年 5 月 15 日，毛泽东为中共中央书记处起草了创办《解放日报》的通知："5 月 16 日起，将延安《新中华报》《今日新闻》合并，出版《解放日报》，新华通讯社事业亦加改进，统归一个委员会管理。一切党的政策，将通过《解放日报》与新华社向全国宣达。"

1941 年 9 月 24 日，延安《解放日报》第四版以半版篇幅，推出《中国工人》半月刊第一期。同时，"中国工人社"刊登启事：

> 本刊一切稿件，均在解放日报副刊上发表，每月出两次，欢迎各地读者投稿，字数以不超过一千五百字为宜；稿寄延安邮政信箱八号本社编辑室收。

《解放日报》上的《中国工人》半月刊，每期最多刊登五篇稿件，最少时只有两篇，但内容仍然是比较丰富的。有政论，如《关于边区工资问题》《响应政府节约储蓄的号召》《职业工会与产业工会》《工作快一点生产多一点》《兵工制与职工会》《根据地党对劳资关系的态度》等；有调查，如《难民纺织工厂的女工》《新华化学工业合作社》《平抑物价与平抑工资》《华北工人武装部队组织》等；有通讯，如《太原魔窟下的工人》《大后方工人生活剪影》《在日寇统治下的太原工人》等；有人物介绍，如《朱学范先生》《边区工人参议员李平同志访问记》《记张浩同志生活的片断》等。

1942 年 3 月 27 日，《解放日报》上的《中国工人》半月刊推出第十三期。不过，这一期也成了最后一期，此后《中国工人》半月刊再未出版。

从 13 期刊物到 13 期报纸专版，《中国工人》已经成为党的思想宣传工作的重要组成部分，成为宣传党的抗日主张、动员广大民众、巩固扩大抗日民族统一战线的重要舆论阵地。

在 1924 年创刊和 1928 年复刊的基础上，延安时期的《中国工人》始终服务于中国共产党及其领导的中国革命实践，围绕着党在不同历史时期的重点任务，满足政治宣传、舆论引导、表达诉求和社会动员的需要，构筑了广大群众对共产党领导中国革命的认同基础，最大程度凝聚了中国革命的广泛力量。比如，《中国工人》非常注重强调劳动的高尚性，发表了诸多颂扬“劳工神圣”的文章，凸显了劳工对人类社会的重要贡献，为抗战开始后工人阶级服务抗战生产奠定了基础。同时，《中国工人》立足于明确的受众定位。根据党宣传斗争的实际需求，紧贴工人群众的阅读偏好，将“切忌死板、老套”作为办刊的基本原则，深入浅出地向工人介绍了劳动创造价值等马克思主义劳动观的基本原理。

历史风云激荡，思想魅力永恒。延安时期《中国工人》虽然出版时间只有2年3个月，但中国工人运动仍在继续发展，并且日益成熟、壮大，逐步从边区扩大到越来越多的解放区，最终实现了全国工会的团结与统一，直至走进新中国。

第四章

新中国的工运历史文本

从中国共产党在 1924 年创办《中国工人》开始，这份红色刊物历经 25 年的浴血征程，在新民主主义革命时期先后三次出刊，或因仁人志士颠沛流离，或因白色恐怖封堵追杀，或因边区经济窘境挣扎，不得不三次休刊，可谓艰苦坎坷。

然而，正如罗登贤为 1928 年《中国工人》复刊号撰写的《卷头语》所言，“《中国工人》是中国工人阶级的革命先锋，是全中国工人的灯塔”。在中国革命最危险的时刻，罗登贤用笔下的文字高呼：“这个灯塔，有好久没有照耀着全国工人阶级了，现在中华全国总工会要将这个灯塔重行建立起来。”

写下这段激昂文字的 5 年以后，曾经担任过中华全国总工会党团主任的罗登贤被叛徒出卖，在上海被捕，随后在南京雨花台英勇就义。

但是，《中国工人》未竟的事业仍然艰难向前，终于迎来神州大地换了人间。1949 年 10 月 1 日，中华人民共和国正式成立，五星红旗在天安门广场徐徐升起。中国工人阶级当家做主的时代，就此拉开大幕。

面对全新的形势和任务，动员和组织工人阶级参加生产建设，不断发展和壮大工会组织，成为新中国工运方针的基本遵循和中心环节。要实现这一目标，离不开党领导下的宣传工作，离不开党报党刊的思想政治引领。

不忘初心，矢志不渝。

属于《中国工人》的时间，就这样越来越近。

新中国成立初期的办刊实践

1948年12月10日，中共中央发出《关于请派干部参加平津接收工作给全总党组的指示》，要求全国总工会党组先派得力干部“准备参加平津接收工作”，等到“平津解放秩序安定后，全总即应迁至北平或天津”。

1949年2月，全国总工会正式进入北平，搬进府前街1号原北平市参议会大楼办公。一个多月后，毛泽东题写“中华全国总工会”会名，由沈阳机械厂工人师傅制作成重达一吨的铸铁匾额，赶在当年五一节前运抵北平，悬置在新的全国总工会办公大楼楼体上部。

在此之后，《工人日报》创刊，工人出版社成立。恢复《中国工人》的出版，亦被全国总工会提上议事日程。

1950年2月2日，全国总工会发出《关于出版〈中国工人〉月报的通知》，开宗明义用“四个‘为了’”说明恢复出版《中国工人》的必要性。

从“四个‘为了’”的逻辑上看，其一是为了密切全国总工会与各级工会组织的联系，对应着《中国工人》的组织功能。其二是为了加强各地工会干部与工人积极分子在思想上、政治上与业务上的教育与指导，对应着《中国工人》的指导功能。其三是为了交流工会工作经验，以推动与改进各地的工会工作，对应着《中国工人》的交流功能。其四是为了系统地介绍与报道苏联和新民主主义国家工人的生活、工会工作情况，以学习先进经验，对应着《中国工人》的学习功能。

《关于出版〈中国工人〉月报的通知》篇幅不长，但清晰地定位了《中国工人》恢复出版后的报道内容，同时要求各地工会组织用好这本刊物。通知强调：

> 《中国工人》月报每月出版一期，其内容包括有关工人运动的理论和政策的专论，全国总工会的决议、指示和通知，工作研究与经验介绍，各产业工会与各地方工会的活动情况，工作总结报告，工人运动的通讯，统计材料，规章条例，国内外工人运动大事记等。
>
> 《中国工人》月报出版后，各级工会组织负责同志，应以此为教育干部、改进工作的工具，经常组织学习与讨论，提出意见和要求；并责成各级工会组织的负责同志特别是文教部的负责同志，就上述内容范围，经常供给材料，撰写稿件，以供给月报刊用。

在这份通知中，全国总工会还对各级工会组织提出要求，“要把推广发行《中国工人》月报作为自己日常工作的一部分”。通知不仅直接安排“在工会图书室、俱乐部中长期订阅”，还明确“工会文教部要采取各种办法，帮助和推动工会干部、积极分子订阅”。

1950年2月15日，《中国工人》正式恢复出版，由中华全国总工会编辑出版室编辑，工人出版社发行。第一期的目录页，特别注明了“一九二四年十月在上海出版”和“一九四〇年二月七日在延安出版”的字样。同时，第一期全文重刊了毛泽东写于1940年的《〈中国工人〉发刊词》，并同时刊印了毛泽东撰写这篇文稿的手迹。

中华全国总工会此次恢复出版《中国工人》时，无论是特别注明“一九二四年”和“一九四〇年”两个年份，还是全文重刊《〈中国工人〉发刊词》，都鲜明地确定了这份红色刊物的历史传承，确定了《中国工人》1924年10月创刊这一重要时间点。

与延安时期的《中国工人》相比，1950年2月恢复出版的《中国工人》更具有推进工会做好职工工作的指导性质。第一期的前三篇文章，分别是刘少奇的《亚洲澳洲工会代表会议开幕辞》、李立三的《中国工人运动的经验教训和任务》和工人日报社论《一九五〇年中国工人阶级的战斗任务》。

恢复出版后的《中国工人》第一期，开设了“全总文件”“产业工会文件”“工作总结”等栏目。“全总文件”栏目设置在前，刊有六篇文稿，包括中华全国总工会发布的《关于在最近半年内建立十个全国产业总工会的通知》《关于召开全国电业工会代表大会的通知》《关于筹备召开全国军工及钢铁工会代表大会的通知》《关于纪念“二七”的通知》等。

这期《中国工人》“全总文件”栏目刊出的《关于中国人民大学招收职工学员的联合通知》，由重工业部、燃料工业部、纺织工业部、轻工业部、铁道部、邮电部、交通部和全国总工会联合发布，分配招收763名职工进入中国人民大学学习，从一个侧面显示出党和工会对于培养产业工人的高度重视。该通知说：

> 为了大量培养新型知识分子，适应国家建设需要，中央人民政府政务院决定，中国人民大学在本期招收一部分职工，以培养国家各种建设部门中的骨干。
>
> 学员条件除招生简章规定外，我们提出各地要介绍劳动英雄、生产模范和生产中的积极分子、技术工人和熟练工人，以及有管理经验的职员入学。这次招收职工学员以主要产业部门为主，请各地行政部门和工会共同负责协助学校招生工作，要保证完成分配给各地的名额。

这期《中国工人》“产业工会文件”栏目刊出的文稿至少有10篇，包括《关于成立中国店员工会联合会筹备委员的决定》《关于店员工会几个组织问题的决议》《关于在各地设立海员俱乐部的决议》《关于出版海员刊物训练海员工会干部的决议》等。“工作总结”栏目则刊发了沈阳、北京、天津等地工会的工作总结，还转载了《解放日报》的《上海工人阶级反封锁斗争的重大成果》。

尽管恢复出版后的《中国工人》第一期刊出了比较多的文件和报告，但是依然安排了宣传和肯定普通工人劳动创造的内容。在集中报道沈阳第三机械厂创纪录运动时，《中国工人》以《新纪录运动的旗帜》为题，报道了画线工人张尚举、车工赵国有和车工党会安投身创造新纪录运动的事迹。报道说：

> 张尚举除了一般性的动员、启发外，对开展新纪录作用更大的还是抓住了赵国有这个挑战的对象。当时第四机器厂的车塔轮，已经由过去的十六小时缩至四小时半，而赵国有当时是五小时。此次二人竞赛结果，赵之“塔轮”降至四小时，而张画六尺车床床头工作，却从八小时缩至四小时。
>
> 九月中旬赵国有又缩至三点零九分时，党（会安）又做到了二点五十七分。十月初，抚顺机电厂王金钟创造一点五十三分纪录时，赵国有又做到了一点五十分三十八秒，至十月十九日，党会安又要求重新标定，结果以一点四十四分创造了最新纪录。
>
> 第三机械厂的创纪录已经发展成群众性的运动，天天有好多人要求标定工作时间；院子里的大黑板报上每天都刊载着缩短工时、提高质量、节省原料的新纪录，千百个张尚举、赵国有、党会安正不断的涌现出来，汇成一种伟大力量，将经济建设推向高潮。

不过，受到当时历史环境的影响，《中国工人》和其他全国性报刊一样，客观上存在着反映工作内容偏多的办刊倾向，不仅刊出很多苏联和东欧国家的工会工作经验，有时还直接转发苏联报刊文章，导致发行量一直未有明显增长。

1950 年 12 月，送到读者手中的《中国工人》第十期封底显要位置，罕见地刊登了全国总工会党组《对于出版〈中国工人〉月报的检讨及今后加强对〈中国工人〉月报领导的决议》，同时对《中国工人》今后的领导、供稿、编辑、发行工作提出了新的要求。

1950 年 11 月 16 日印发的这份决议，实际上对同年 2 月 2 日的《关于出版〈中国工人〉月报的通知》的内容进行了调整，及时纠正了“工会工作的剪报汇编”和“不系统不完全的参考资料”的问题，重点强调要按照毛泽东的《〈中国工人〉发刊词》所言，“既已办起来，就要当作一件事办，一定要把它办好”。

在这份决议中，特别提到了三个“没有”——一是“对于自己出版的机关杂志——《中国工人》月报，就从没有列入过议事日程，专门讨论过”，二是“没有一个人专门为《中国工人》写一篇文章”，三是“没有人向《中国工人》的编辑同志写过一封短信，提过一次意见，‘表示自己喜欢什么，不喜欢什么’”。如此坦诚的态度，体现了当时的工会干部实事求是不怕“亮丑”的襟怀，堪称党的宣传工作历史上的一段佳话。

同样重要的是，这份决议再次清晰地显示出中华全国总工会对于办好《中国工人》的重视和决心。决议特别强调：

> 在新民主主义的政权下进行工会工作，对于我们是一个崭新的问题。因为我们有许多工会工作干部关于工会工作的马列主义的理论政策水平既低，工会工作的实际经验又少。

因之出版一种定期的刊物，介绍马、恩、列、斯关于工会工作的理论，交流工会工作的实际经验；借以提高工会工作者理论、政策水平，从而推动工会工作的进步，是非常必要的。《中国工人》月报在这样一种要求的基础上决定出版是完全必要的、适时的。

全总从主席、副主席起，厅、部、委、校、室，每一个单位及各大行政区与省市地方与产业工会组织的负责同志，都应经常为《中国工人》撰稿（每人每三个月至少写一篇），把为《中国工人》写稿当成自己教育职工群众与训练工人干部的一种政治任务去完成，当作一种政治纪律遵守。

成立《中国工人》月报编辑委员会，由主席办公室直接领导。

所有专门为《中国工人》月报写的稿件，一律按照一般杂志所规定的稿费办法从优发给稿费，作为报酬，以资鼓励。

从 1951 年 1 月出版的第十一期开始，《中国工人》的内容明显进行了调整，全国总工会和产业工会的一般性文件、通知不再出现，代之以更多的基层工会工作经验和工运理论探讨。但是，受特定的历史条件和一些特殊因素的影响，《中国工人》在 1951 年 6 月以后未再出版。

回望 1950 年到 1951 年这一段时间的办刊实践，尽管“在新民主主义的政权下进行工会工作，对于我们是一个崭新的问题”，

《中国工人》依然体现出党创办的红色刊物的先进性和战斗性。它发表了许多贴近当时工人运动和工会工作实际的文章，内容涉及劳动竞赛、劳动保护、劳资协商、民主管理、合理化建议、工人业余教育和工会组织建设等问题，公开呼吁转变工作作风、改进工作方法和提拔工人干部，敢于深入调查和点名批评某些企业存在的官僚主义、封建残余和安全隐患，为维护职工权益大胆发声。这些文章或报道，对于推动当时的工运事业和工会工作发展都起到了积极作用。

鲜为人知的是，1950 年 1 月，在《中国工人》恢复出版前的一个月，经当时主持全国总工会日常工作的副主席李立三批准，《中国工人》编辑陈勃还受命创办了《中国工人画刊》。这是新中国成立后出版的第一本大型画刊，比《人民画报》的出版时间还要提前半年。

《中国工人画刊》创刊伊始，就显示出开阔的国际视野。第一期采用中文和俄文对照，第二期开始以中、英、俄三种文字版本印刷发行。全国总工会国际部外文翻译室承担起翻译工作。听到俄文译本的审定比较困难，李立三痛快地答应由他的夫人莉莎负责翻译定稿。

《中国工人画刊》第一期的出版相对仓促，但整体的编辑思路依然十分清晰。一是歌颂和报道党领导全国人民打江山的功绩；二是介绍工人阶级的英勇斗争；三是突出表现英雄、劳模和工人阶级的创造奉献；四是展示正在逐步改善的工人生活。第一期的封面照片选用的是北京各界人民庆祝亚澳工会会议成功举行的场面，请北京的上海照相馆的老师傅采用人工着色的“土办法”，把黑白照片仔细着色成了彩色照片，效果不错，好评如潮。

按照当时国内的印刷水平，胶印的质量还不能满足画册印制的需要，铜版技术也只能达到100多线，效果依然不够精美。为了保证印刷效果，《中国工人画刊》请上海市总工会帮忙找到了时代印刷厂。这家私营印刷厂于1932年从德国进口了一套影写版（凹印）印刷设备，包括印刷机、照相设备、磨筒机和镀筒机等，这在当时的国内还是唯一一家。就这样，《中国工人画刊》第一期又成了新中国第一本影写版（凹印）印刷的画册。

从1950年1月开始，《中国工人画刊》先后出版7期，累计刊用1021幅摄影图片和42幅绘画作品，图文并茂地报道了新中国成立一周年和两周年的庆祝活动，报道了每年的五一国际劳动节的欢乐盛况，还报道了全国工农兵劳模大会、抗美援朝、反对美帝国主义武装日本等重大历史事件。

作为工人阶级自己的宣传阵地，《中国工人画刊》始终关注党领导下的工人运动历史，缅怀为工人阶级解放事业牺牲的革命烈士，先后组织刊出李大钊、苏兆征、彭湃、恽代英、蔡和森、邓中夏、瞿秋白、张浩、陈潭秋、邓发、李启汉等先驱先行者的图片事迹，让广大工人读者深受教育。

在新中国波澜壮阔的社会主义建设浪潮里，《中国工人画刊》同样注重全景展现工人阶级当家做主的壮志豪情，把职工群众为了恢复和发展生产而忘我劳动的火热场面呈于纸端，同时记录下劳动人民幸福快乐的生活场景。

打开流传至今的 7 期《中国工人画刊》，新中国第一批全国劳动模范的奉献身影依然具有强大的感染力。从陕甘宁边区的老劳模赵占魁到陕甘宁边区特等模范李凤莲，从“炮弹大王”甄荣典到“鞍钢老英雄”孟泰，从“毛泽东”号机车司机长李永到青岛纺织厂细纱女工郝建秀……《中国工人画刊》宣传的这些劳动榜样，和同时出版的《中国工人》宣传的优秀工人一样，成为新中国恢复国民经济的楷模和先锋，赢得了时代的敬重，是神州大地永远闪耀的璀璨星河。

1951 年 6 月，《中国工人画刊》与《中国工人》同步停刊。

四年半后，《中国工人》再度恢复出版，虽经坎坷依然延续，直至以全新发展的面貌迎接创刊 100 周年。

风生水起的第五次出刊

1953 年 5 月，中国工会第七次全国代表大会在北京召开。这是中华人民共和国成立后工人阶级的首次盛会，确定了社会主义革命和建设时期工会工作的总体方针，动员工人阶级努力奋斗，完成国家经济建设任务。

在此之后，中共中央确定了过渡时期总路线，提出要在一个相当长的时期内，逐步实现国家的社会主义工业化。面对新的使命，中国工会全力引领亿万职工转移到社会主义工业化建设上来，迎接和投入大规模、有计划的经济建设高潮。

在这样的背景下，《中国工人》迎来了再次恢复出版的历史机遇。

1956 年 1 月，《中国工人》再次恢复出版。发刊词《〈中国工人〉的任务》由全国总工会主席赖若愚撰写，明确提出了《中国工人》的三项重要任务——其一，要宣传共产主义事业和国内外时事，宣传党和国家的政策，提高职工的政治水平，抵制资产阶级思想的影响；其二，要宣传先进经验和先进事迹，帮助职工群众学习科学常识；其三，要生动地反映职工生活的各个方面，宣传工会生活。

随着《中国工人》的恢复出版，工人出版社的半月刊《工人》不再出刊，另一份半月刊《学文化》亦只出版到 1955 年 12 月，它们的编辑力量被集中起来，共同出版《中国工人》。赖若愚更是在《〈中国工人〉的任务》中强调：

> 工会是工人阶级自己的群众组织，是共产主义学校，工会有责任组织职工群众各方面的活动。工会必须运用《中国工人》作为向职工进行共产主义教育的工具，《中国工人》编辑部应当努力把刊物办好，使它成为职工所喜爱的读物。
>
> 毛主席在 1940 年 2 月 7 日《中国工人》发刊词中指示我们："一个报纸既已办起来，就要当作一件事办，一定要把它办好。这不但是办的人的责任，也是看的人的责任。看的人提出意见，写短信短文寄去，表示欢喜什么，不欢喜什么，这是很重要的，这样才能使这个报办得好。"我们应该

遵照这个指示，大家来把这个报——《中国工人》办好。

恢复出版的《中国工人》面貌一新。1956 年 1 月正式亮相的第一期，让很多人赞叹“延安时期《中国工人》生动活泼的传统又回来了”。且看第一期的要目——

专　　题：你打算怎样提早完成五年计划？
通　　讯：走在计划前面的车工——盛利
问题解答：对私营企业的“赎买”政策是怎么回事？
通　　讯：公私合营喜气洋洋，社会主义人心所向
讨 论 会：李金泉为什么失去了劳动模范的称号？
徒工的苦闷
先进经验也要保密吗？
小　　品：酒杯中的交情
思想漫谈：朋友之间
革命回忆录：在瑞金叶坪村
摄　　影：我们的文化生活多么美！
活跃的冬季体育运动
卫生知识：怎样消灭妇女的“滴虫”病
相　　声：找“对象”
通　　讯：两种制度，两种生活
阅 览 室：新人和新思想的胜利——介绍反映工人劳动和生活的短篇小说集“诞生”

需要说明的是，这期《中国工人》刊出的“你打算怎样提早完成五年计划？”专题，作者是全国总工会生产部部长顾大椿。工会重要部门的主要负责人为《中国工人》撰写稿件，由此重新多了起来。

“讨论会”栏目刊出的《徒工的苦闷》只有800字，作者是北京石景山钢铁厂的职工马文喜和陈泽恩，至今读来还很有趣且引人思考。这里摘录几段：

我们的老师傅李金泉同志的创造精神是很好的。他刻苦钻研，制造成功了好几种焊条，还继续在研究试制合金钢、球墨铸铁等品种的焊条。他这种精神，是值得我们学习的。

可是，李师傅在教徒工学习技术方面，却做得很不够。

徒工们一再要求李师傅教大家制造焊条，李师傅被催了几次，才告诉了一些。可是他不是在课堂中给我们讲解，也不在现场教我们操作，却把我们叫到他家里，把焊条药方写在纸上，折了起来，每人分一张。他给徒工的这些药方很奇怪，其中的成分有不一样的，弄得徒工不知道哪一份是正确的。

我们都觉得做焊条的工人，应该懂得电焊技术，我们要求李师傅教我们。他教过几次，没有等我们学会就停下来。组里的十几个工人，跟他学技术最少的也有两年，可是绝大部分人连烧电焊也不能独立操作，仍然是三级工。许多徒工学不到技术很苦闷。

我们觉得李师傅自己积极钻研的精神很好，但是对帮助徒工却做得很不够。希望李师傅能够转变过来，认真帮助徒工提高技术。

《中国工人》此次恢复出版以后，内容生动鲜活，文字通俗易懂，贴近职工的办刊思路贯穿始终。除了第一期出现的“问题解答”“讨论会”“思想漫谈”“卫生知识”“阅览室”，《中国工人》又陆续推出“工人的话”“时事解说”“读者来信”“大家谈”“大家画”“带刺的花”“文化走廊”“谈心”“老工人话当年”“和青年工人谈修养”“谈古论今”“成语新解”等栏目，并在摄影、相声、小品之外，还增加了诗歌、快板、琴书、游戏等内容，办得风生水起，颇受职工读者欢迎。

这一时期，《中国工人》根据形势发展和工作需要，不断适时开设各种专题、讨论或讲座，向职工群众解释国家政策，潜移默化地进行政治思想教育。编辑部精心策划的“社会主义改造讲话”“工资改革问答”“通俗政治经济学讲座”“技术革命与技术革新”“劳动人民是科学的主人”等内容，直接关联着职工关心的时事热点。“为谁劳动？”“要不要取消某些福利？”“延长徒工的学习期限是不是合理？”“调整物价应不应该？”“为什么还要发展商品生产？”这些具有现实针对性的讨论，都是很多职工想要思考认知的话题，有助于提高工人阶级的思想觉悟。

从1958年第七期开始，《中国工人》在卷首位置刊载“编者的话”，回复读者来信，导读当期重点内容。回看这些“编者的话”，亦能感受这一段时间《中国工人》正在努力贴近职工读者。

1958 年第九期——

安阳工人齐培安来信建议，增加“大家讨论”和短小精悍的文章，多发表一些工人的创作等。

“编者的话”回复说：“近几期，编辑部曾作了一些努力，来改进刊物，逐渐增加了一些群众性的来稿，长文章比过去少了一些。当然，改进得还很不够，希望读者不断提出批评和要求，并踊跃来稿，帮助我们一起来办好刊物。”

1958 年第十二期——

山东博兴县职工王子久来信，批评“刊物的报道对象和稿件的来源多偏重于大城市和主要厂矿，对县城职工的消息报道得少”。

“编者的话”回复说：“你的意见很好，也确实是值得我们注意的问题。现在我们正在设法扩大报道范围和扩大作者队伍。同时也希望各方面（无论是大中小城市、乡镇，大中小型厂矿以及其他企业、行业）的同志多给编辑部反映情况、报道线索，或写稿。”

1959 年第五期——

“编者的话”介绍说：“‘思想讨论会’是这期新辟栏目，题目是‘干哪个工种才有前途？’目的是提高认识，打通思想。”

1959 年第十三期——

“编者的话”介绍说：“在增产节约运动中，不仅应该重视提高质量的问题（上期我们集中刊过几篇文章），还应该注意安全生产。这期我们刊出了几篇文章，希能引起读者注意。”

1960 年第十一期——

“编者的话”介绍说：“技术革新和技术革命运动，正向巩固、推广、提高的方向深入开展，这期我们针对如何战胜习惯势力和正确对待新事物的问题，刊登了论文、思想漫谈和小故事各一篇。”

显然，“编者的话”通过介绍重点内容引领舆论导向，通过回复读者来信来拉近与职工群众的关系。看似家常话的短短三四百字，一期一期沉淀下来，使《中国工人》深深扎根于中国工人阶级的思想与情感之中。

从开门办刊到再遇曲折

1956 年恢复出版后，《中国工人》始终坚持内容面向职工群众，大量采用普通工人的来稿，并且尽量注明作者所在的企业和单位。

工人来稿的特点是文字朴实，有一说一，没有官话套话。持续采用工人来稿，逐渐影响和带动《中国工人》的各类稿件更加通俗易懂，戒除枯燥晦涩的空洞说教，形成了始终如一的优良文风，也让开门办刊成为《中国工人》的特色和优势。

开门办刊的《中国工人》广受读者喜爱，也赢得了越来越多名人名家的关注和支持。从老一辈革命家徐特立、谢觉哉到“中国的保尔”吴运铎，从郭沫若、老舍、夏衍、高士其、草明、艾青、臧克家到贺敬之，从华君武、方成到叶浅予，或为《中国工人》撰写回忆文章，或让《中国工人》刊载自己的最新作品，或在《中国工人》上用漫画讽刺社会生活中的不良现象。

与此同时，党和政府的高级领导干部也应邀为《中国工人》撰稿，结合自己的工作领域为职工群众释疑解惑。全国总工会的负责同志更是责无旁贷，无论是主席、副主席还是书记处书记，以及全国总工会机关各个职能部门的部长，都曾在《中国工人》发表文章，进一步增强了这份刊物的权威性和指导性。

《中国工人》的开门办刊，更多体现在注重广大职工读者的意见，“放下身段”和普通工人交朋友。1956 年 11 月，《中国工人》第二十二期刊出《希望你对〈中国工人〉提意见》：

亲爱的读者：

《中国工人》出版快一年了，为了使它能办得更加适合大家的需要，我们诚恳地希望你能对它多多提出宝贵的意见，帮助我们改进工作。下面的提纲，供你提意见时参考，希望你能尽快给我们来信。

（一）你是不是经常订阅《中国工人》？你觉得《中国工人》上应当增加哪些内容和栏目，应当减少哪些内容和栏目？

（二）你喜欢看哪些文章？不喜欢看哪些文章？为

什么？

（三）“讨论会”“大家谈”“相声”“杂谈”，你喜欢吗？你觉得这几个栏目应当怎样改进？

（四）你对《中国工人》的封面、封底及插画有什么意见？你认为刊物编排应当怎样改进？

来信时，请写明你的姓名、通讯地址、职业、文化程度，以便今后联系。

一个月后，《中国工人》第二十四期又向读者汇报了新一年的打算和希望，坦承编辑工作还有许多缺点，必须根据读者的意见继续努力改进，1957 年要“在下列几个方面再加强一些”。编辑部文章说：

论述的文章再增多一些。回忆一年来，本刊虽然也解释了一些问题，如反映了党和政府的某些政策，分析了某些事件和问题，分析了某些对的或错的思想认识。可是这方面做的还很不够，多是零星片断的……加强这方面并不是要登载些长篇的理论的文章，还是要根据本刊读者的要求、读者的问题来编辑的。

扩大、密切和读者的联系。我们一年来反映的问题属于工人方面的多，属于职员、工程技术人员方面的少，我们认为这也是一个缺点……另外我们还准备发表一些读者来信，读者在工作中、学习中及日常生活中的感想、意见，可以寄给我们，内容不论是批评的、鼓励的都可以，形式可以根据自己的意愿采取写信、感想、日记等。我们刊物上不能发表的，我们也设法满足读者的意愿。

继续并加强登载工人为解放而斗争的事迹。今年我们登载了这方面的几篇文章，不少读者表示欢迎，他们说看了这方面的文章帮助了解了革命经过的一些艰难困苦的道路，帮助提高了辨别是非的能力，我们要尽可能在1957年做得比今年好些。

上述就是我们的一些主要想法，这个刊物的其他方面也要继续改进。

这一时期，《中国工人》编辑部清晰地认识到，要想把刊物办得好，只依靠编辑的努力是不够的，还要依靠读者的帮助。既然《中国工人》是根据职工的需要办的，“就很需要职工同志给予帮助，需要本刊一切读者的帮助”。所以，《中国工人》愿意和职工读者取得密切联系，“希望你们写稿，也希望你们更多地提出建议和批评”。

1957年5月，《中国工人》第九期再次致信“亲爱的读者”：

今年《中国工人》已经出版9期了。这9期内容是否适合大家的需要？帮助大家解决了哪些问题？希望你能告诉我们。最好你能结合当前职工的思想情况，告诉我们哪些文章好，哪些文章不好，为什么好，为什么不好，以后应当怎样继续改进。自从今年起《中国工人》增添了“工人的话”一栏，你对这一栏发表的文章，有哪些意见？这一栏应该怎样办才好，也希望告诉我们。此外，对刊物的编排、封面等，也希望你提出意见。

毫无疑问，开门办刊的编辑思路以及由此形成的朴素文风，成为《中国工人》1956 年恢复出版后获得职工群众喜爱的重要原因，直到今天都值得宣传工作者特别是工会报刊工作者参考和借鉴。

然而，政治形势的变化和经济状况的窘迫，逐渐对当时的报纸和刊物产生冲击和影响，《中国工人》概莫能外。

1960 年 7 月，《中国工人》第十四期所载“编者的话”称，“本刊从本期起缩减篇幅为 24 面”。第十三期《中国工人》的篇幅是 34 页，1956 年恢复出版后的《中国工人》单期篇幅最多是 42 页。

尽管当时正处于“三年困难时期”，连学生的教科书、练习簿都不得不用“再生纸”替代，出版物的纸张供应自然十分紧张，《中国工人》缩减版面也在预料之中。但是，大幅缩减出刊页码毕竟是不确定性开始出现的一个信号。

不过，在经济状况压力之外，政治形势的变化亦对《中国工人》的正常出版产生冲击。

1958 年开始，“大跃进”带来的“工会消亡”风，使得县级工会组织大部分被削弱。其后虽有纠正，但城市人民公社的建立和发展又席卷而来。《中国工人》的版面上，有关人民公社的内容明显增加，就连以往特别注重联系读者的“编者的话”，也频频出现人民公社的字眼。

1960 年第四期——

“本期起刊登人民公社讲话，可供各厂矿企业组织职工学习人民公社时作为学习材料用。希望读者和本刊通讯员同志将学习中的问题和对这个讲话的意见反映给我们。”

1960 年第七期——

“一个大办城市人民公社的热潮，正在全国城市广泛展开。我们刊登了李颉伯、刘善长同志的论文，一篇典型报道和两个职工家属参加城市人民公社的感想。这些都可以帮助读者认识这一新生事物的伟大历史意义。”

1960 年第八期——

“大办城市人民公社的热潮已在全国各个城市掀起来了，我们工人应该怎样对待这个伟大的新生事物，是每个人都应该回答的问题。《思想・认识・习惯》一文和信箱里所回答的问题，都将对同志们有所帮助。”

1960 年第十期——

“《集体生活方式是最幸福最美好的生活方式》一文，深刻地、生动地为我们讲解了集体生活的优越性及其发展方向，同时告诉我们在当前城市人民公社工作中关于生活集体化方面应注意的问题。”

1960年第十一期——

“从这期起，我们特辟‘城市人民公社光芒万丈’专栏，希望读者将阅读、运用的情况和意见告诉我们。”

工会“纳入城市人民公社”是“工会消亡”风的继续，对大中城市和大企业工会的冲击更加严重，一些省、市厂矿企业甚至摘掉了工会的牌子，并再度引起了工会干部和职工群众的思想混乱。直到1960年下半年，形势变得更为严峻，人们开始认真思考和纠正“大跃进”以来的一系列“左”倾错误，调整和发展工会各项工作的时机逐渐出现。

事实上，从1960年第十四期开始，《中国工人》已经努力为调整国民经济进行舆论准备。这一期起，《中国工人》以“支援农业是工人阶级的光荣任务”为主题，连续刊出《大力支援农业，加强工农联盟》《大力节约劳动力，支援农业生产前线》《正确看待支援农业》等文章，集中回答“应不应当返回农业战线”“返回农业战线光不光彩”“返回农业战线前途如何”等问题。

1960年10月，在政治形势和经济压力的双重影响下，《中国工人》第二十期悄然成为这一轮出版的最后一期。由中国共产党创刊于1924年10月的这份红色工人刊物，在36年后又一次遭遇波折和坎坷。但是，《中国工人》所记录的1956年到1960年的工人运动和工会工作，留下了研究和探讨这段特殊历史时期的原始文本，具有不可替代的文献价值。

第五章

改革开放年代“为工发声”

在 1960 年 10 月默默停止出版以后，《中国工人》进入了历史上最长的“静默”时段。即便是在战争年代，这份红色工人刊物最长的出版间隔期也仅仅是 11 年。这一次，它却几乎横跨了 20 世纪 60 年代、70 年代和 80 年代。

但是，《中国工人》的初心始终未泯，就像深埋入土的顽强火种，始终在等待着重新熊熊燃烧。

1978 年，党的十一届三中全会决定把全党的工作重点和全国人民的注意力转移到社会主义现代化建设上来，提出了改革开放的任务，中国社会洋溢着前所未有的勃勃生机。

1984 年，依照全国总工会的统一安排，以丰富职工群众的文化娱乐生活为目标，工人出版社创办了《文化宫》杂志，受到基层读者的广泛欢迎。

三年以后，随着改革开放的不断深化，全国总工会决定再办一份综合性刊物，用来反映工会工作的思路和重点，满足职工群众多方面的精神需求。于是，中国工会的一份新刊物《时代》正式出版。

此时，越来越多的人注意到，同为延安时期的三大刊物，《中国妇女》已经率先在 1978 年 7 月复刊，《中国青年》亦在 1978 年 9 月复刊。

就这样，恢复出版《中国工人》的呼声四起，日渐清晰。

改革开放中应运而生

其实，真正动议恢复出版《中国工人》的时间，可以前展到1975年9月。当时，已经沉寂15年的《中国工人》忽然出版了一期试刊，并以“中国工人社”名义发出通知：“经中央批准，《中国工人》杂志将在工会九大召开后出刊……为了征求意见，总结经验，在正式出刊之前，先出一本征求意见稿。”

刊登在《中国工人》试刊上的这份通知，把《中国工人》定位为“中华全国总工会主办的工人刊物，是向工人群众进行思想和政治路线教育的综合性刊物，要成为‘教育工人、训练工人干部的学校’”。

“教育工人、训练工人干部的学校”，显然引自毛泽东1940年在延安所写的《〈中国工人〉发刊词》。不过，试刊的内容不乏浓郁的政治色彩。即便是“工人小评论”“工业学大庆”“社会主义祖国在前进”“工会工作”“文艺阵地”这样的栏目，也像当时的党报党刊一样“紧跟形势”。

这期试刊的更多详情已不可考，中国工会九大迟迟未能召开却是实情，这使得原拟在大会后恢复出版《中国工人》的计划也没有了下文。

1978年10月11日至21日，中国工会九大在北京召开。虽然此时已有《中国妇女》和《中国青年》先后复刊，而《中国工人》复刊依然杳无音信。

时间悄然来到了14年后。1992年10月，党的十四大隆重召开。当月，订阅《时代》的读者惊讶地发现，自己收到的杂志封面，赫然印着“《中国工人》试刊第1期”的字样。

其实，这一期《中国工人》试刊的筹划，早在8个月前便已经开始。1992年2月，全国总工会书记处讨论宣传工作，认为当时全国有2亿多职工、1亿多工会会员，需要一个面向全国职工的机关刊物，恢复出版《中国工人》由此被提上日程。在党的十四大明确提出建立社会主义市场经济体制，坚持党的基本路线“一百年不动摇”后，全国总工会立即着手推进《中国工人》试刊。

这一期试刊发表了以《中国工人》编辑部署名的《试刊致读者》，突出强调《中国工人》的历史传承，明确了《中国工人》的出版定位和主要内容。文章说：

> 沉寂一时的《中国工人》终于要以新的面目、新的魅力与广大读者见面了！
>
> 《中国工人》是中国一份历史悠久的期刊，它于1924年10月在上海创刊，1940年在延安重新创刊，建国后于1950年2月又在北京创刊，1960年10月停刊至今已三十二年。它虽然三起三落，历经坎坷，但潜藏的生命力始终旺盛，蓄之愈久，发之必猛。它的新生恰逢经济建设和改革开放的盛世，是应运而生，天时、地利、人和，是它生长发展的最佳环境和条件。

创刊后的《中国工人》仍是中华全国总工会的机关刊物，由中华全国总工会主办，是中国工会的期刊，中国职工的朋友，是面向全国职工和工会干部的大型综合性、社会性月刊。它担负着教育和吸引全国职工增强主人翁责任感和改革开放观念，提高思想政治素质和科技文化素质，投身中国式的社会主义建设事业，成为有理想、有道德、有文化、有纪律的劳动者的任务。弘扬改革开放意识，反映经济建设业绩，交流工会工作经验，维护职工合法权益，提高职工整体素质，丰富职工业余生活，是它的办刊宗旨。贴近职工，贴近生活，贴近时代，贴近社会，融指导性、思想性、服务性、趣味性、知识性于一刊，努力做到内容新，文字活，形式美，图文并茂，雅俗共赏，是它的办刊方针。它以全国职工及工会工作者为基本读者对象。简而言之，坚决地推进改革开放，坚决地维护职工权益，就是《中国工人》在新时期担负的历史使命。

对于《中国工人》恢复出版后的着眼点和立足点，《试刊致读者》明确表述为“满足广大职工的精神和物质生活的需要，在党的四项基本原则指导下，真实反映职工群众的工作和生活，心声和呼声，竭诚为全国职工服务，以职工的爱好作为检验刊物质量的标准”。《中国工人》编辑部向读者公开承诺，中国工人是《中国工人》的基本读者和力量源泉，“《中国工人》就是要办得中国工人喜欢，否则，它就失去了存在的基础和意义”。

从1924年10月第一次出刊算起，这已经是由中国共产党创办的《中国工人》第六次出刊。全国总工会显示出全力办好《中国工人》的强大决心，专门组建了《中国工人》编辑委员会，由全国总工会书记处书记张国祥任主任，全国总工会宣教部部长董蕴琦任副主任，全国所有省级工会的主席担任编委。这样的“大编委会”阵容，正如张国祥所言，就是“考虑取得各级工会主要领导同志的支持、指导；壮大杂志的声威、影响，引起社会各方面的关注与支持”。张国祥还用“关心、指导、支持、监督”八个字，概括这个编委会促进《中国工人》发展的积极作用。

《中国工人》试刊第一期开设的主要栏目有：“本刊特稿”“改革开放风云录”“主人论坛”“职工与法”“现代生活”“潇洒青春”“工会广角镜”“社会大写真”“班组透视”“知识长廊”“佼佼者”。从这些栏目设置可以看出，《中国工人》立志要办得“面目全新、不同凡响”。

这期试刊发表的张国祥答记者问透露，“创办《中国工人》这件事，全国总工会书记处酝酿了较长时间，早在两三年前就对《时代》提出努力向《中国工人》这样的刊物靠拢，为创办《中国工人》创造条件的要求”。张国祥说：

书记处作这个决定，是考虑到我们国家现在有一亿几千万职工，其中工会会员有一亿人，全国总工会作为中国工会组织的最高领导机关，也就是最大的“职工之家”，应当有一个面向全国职工的机关刊物……我国改革开放和现代化建设蓬勃发展的形势，工人阶级在改革和建设中所发挥的主力军作用和所创造的辉煌业绩，为《中国工人》办刊提供了极其广阔、丰富的素材，换句话说，也需要有《中国工人》这样的刊物来大力宣传。因此，全总办这个刊物，不是权宜之举，而是要求努力办好，并且长期办下去。

在接受记者提问时，张国祥特别强调《中国工人》的光荣传统，强调《中国工人》是我们党在领导工人运动之初创办的工人刊物之一。张国祥说，毛泽东当年对《中国工人》提出的根本要求，我们今天办《中国工人》同样应当遵循。我们现在所处的时代、所面临的形势、任务，与50年前不同。《中国工人》应当更加紧扣工人阶级的时代责任和历史使命这个主题，以经济建设和改革开放发展进程为大背景，使这个主题更加鲜明，主旋律更加激昂。

《中国工人》再次恢复出版，得到了党中央的高度重视。1992年10月18日，中共中央总书记江泽民为《中国工人》题词："坚持党的基本路线，为职工群众服务。"这份由中国共产党创办于1924年，历经停刊、复刊曲折坎坷的红色工人刊物，终于在沉寂32年以后，再次与中国工人阶级重逢。

市场大潮中顺势而为

1993年1月，《中国工人》再次恢复出版，从此再未中断。

1993年《中国工人》第一期的亮相堪称“重量级”。封面采用了邓小平同志南方之行的大幅照片，封二重新刊登了毛泽东1940年在延安撰写的《〈中国工人〉发刊词》手迹，正文首页则是江泽民为《中国工人》题词的手迹。

这一期在头条位置刊发的“代发刊词”，由全国人大常委会副委员长、全国总工会主席倪志福撰写，题目是《牢记党的重托，投身改革实践——新年寄语全国亿万职工》。倪志福写道：

> 十月十八日党的十四大刚刚闭幕，江泽民同志就亲笔为《中国工人》创刊题词："坚持党的基本路线，为职工群众服务。"这既是对《中国工人》杂志的勉励，更是对我们工会工作的要求……我希望《中国工人》杂志在办刊工作的实践中，要充分体现全国总工会机关刊物坚决贯彻党的基本路线，坚持推进改革开放事业，坚决维护职工群众合法权益的特色，大力宣传党的十四大精神，紧紧围绕经济建设这个中心，用正确的舆论导向，发挥宣传、激励、团结、教育的作用，赢得广大职工的欢迎和信赖。

1993年《中国工人》第一期刊登了两篇特稿，分别是《中国震动：300天——从邓小平南巡到党的十四大召开》和《‘92中国股市：鲜花与眼泪》，直接触及重大的时政和经济主题。与两个月前的试刊第一期相比，《中国工人》第一期的栏目更为丰富，从“人生驿站”“工人法苑”“百家言”“影视大舞台”“艺术车间”“纪实·连载”“工友寻呼台”到“文摘撷萃”，可谓琳琅满目，应有尽有。

“全总热线”是《中国工人》的特色栏目，第一期推出了两个现实话题，一个是“拉直的问号”，另一个是“小企业背大社会：到底还能走多远”。

“拉直的问号”聚焦工人人生观、价值观的变化，开篇写道：

> 中国工人变了！变得不那么“听话”了，变得爱发牢骚了，变得不讲“大理想”而求“小实惠”了，变得不靠国家而重视个人了……是不是一代不如一代？是忧？是喜？

“小企业背大社会：到底还能走多远”的话题，更是与社会的热点和焦点直接相关。文章写道：

> 西方经济学家曾大为不解：为什么一个中国工人的工资不足30美元，却生活得这么好？
>
> 他们不清楚，在中国的企业里，还有一笔数目可观的福利基金！一个国家财政难以控制的“黑洞”。
>
> 时至今日，上至国家总理、下至企业厂长无不感到头痛困惑：小企业背大社会，到底还能走多远？！

再次恢复出版的第一年，《中国工人》发表了许多让人耳目一新的报道，仅从部分报道标题就能看出编辑部的勇气和锐气：

1993年第二期——《让世界瞩目：1993年中国经济走向》《第二职业不管不行》《中国：医疗保险的危机与改革》；

1993年第三期——《太原禽蛋公司职代会罢免经理的报告》《北京朝阳区法院开庭审理工会一干部状告〈人民日报〉案》《中国工会决心推进市场经济》；

1993年第四期——《不应付出的代价——一家台商独资企业工伤事故的调查报告》《昔日职工告领导状，今日职代会给领导嘉奖》；

1993年第五期——《谁圆中国人的“轿车梦”》《一起侵犯集体企业合法权益的事件》《“吃劳保”现象不再“令人担忧”》；

1993年第六期——《依法保护工会的合法权》《企业怎样行使辞退权》《华北制药厂股份制冲击波》；

1993年第七期——《企业民主管理只能加强不能削弱》《李瑞环回“娘家”》《送温暖忧思录》《厂长，你不是个“官”》；

1993年第八期——《依法保护职工群众的改革热情》《关于合同制工人的工资性补贴的争议》《待业女工：从工厂到市场》；

1993年第九期——《思想政治工作不能滑坡》《中国铁路建设忧喜录》《莫向职工打“白条”》；

1993年第十期——《企业“病退族”——一个值得忧虑的现象》《企业实行内部分配自主以后发生的争议》《我国将如何进行医疗保险制度改革？》。

万事开头难，办好一份历史悠久的刊物尤其如此。重新恢复出版的《中国工人》继承以往的优良传统，向读者“讨主意”。

1993 年 10 月，《中国工人》编辑部在第九期上发表《向您汇报》，公开反馈 4 个月前发出的《读者意见调查表》的回信情况，并对调查数据统计结果进行全面客观的分析。编辑部的文章说：

> 大家一致认为，《中国工人》总体上是办得很成功的：大开本有气势；栏目设置较合理，突出了工人刊物的特色，满足了多层次职工的需求；内容丰富，涉及面广，可读性强；设计新颖，版式活泼，色彩明丽，印制精良。读者的鼓励，是我们的动力，它将鞭策我们再接再厉，办好刊物。
>
> 我们尤其感谢各位朋友，对《中国工人》的宗旨、特色、内容、栏目、版式、封面、插页等提出了中肯、具体的意见、建议和要求。归纳起来，主要有以下几点：①有些文章太长，希望文章短而精；②应该更加贴近一线职工；③中心插页不仅要登明星、模特的照片，也要树立一线工人、劳模的形象；④对工人关心、迫切要解决的问题反映不够，也不及时；⑤社会热点问题应有棱有角，更尖辣、更有分量一些。

在这篇《向您汇报》里，《中国工人》编辑部公布了 10 篇受读者欢迎的文章和 10 个较好的栏目，并按照获得读者票数的多少依次排列，“代表与维护”“问题讨论”“全总热线”分列栏目前三位。同时，《中国工人》杂志社还向 10 名“知心读者”寄赠了纪念品。

《中国工人》编辑部最后公开承诺，读者的需求是我们的出发点和归宿，编辑部全体同志将认真研究读者的意见和建议，制定出改进措施，努力使刊物从内容到形式再到质量，都更上一层楼。

“为工发声”的传统和特色

在改革开放的浪潮中应运而生，《中国工人》的恢复出版可谓正当其时。尽管它的栏目设置经历过多次调整，但始终坚持跟踪职工关心的热点话题，自然受到读者的关注，也产生了较好的社会影响。

从 1993 年恢复出版开始，《中国工人》先后推出的“问题讨论”“劳动关系评析”“代表与维护”“维权”4 个栏目，有的是同步与读者见面，有的是接力开办传承宗旨，形成了“为工发声”的传统和特色。

“问题讨论”是一个编者与读者互动的栏目。恢复出版以后，1993 年《中国工人》第一期就推出了“问题讨论”栏目，第一个主题便是“第二职业大家谈”，以读者来信《上班还是练摊儿》为由头，探讨当时争议纷纭的第二职业问题。

彼时，市场经济大潮冲击着社会生活的方方面面，企业转型“下海”也冲击和影响着人们的就业观念，“第二职业”一时成为热词。《中国工人》直面这一社会焦点，在《上班还是练摊儿》引发争议关注后，连续刊出《逼上梁山——关于第二职业》（1993年第二期）、《第二职业是与非》（1993年第三期）、《不要叫“第二职业”，更不要大张旗鼓地宣传和提倡》（1993年第四期）、《业余挣钱理所当然》（1993年第五期）、《冷观“下海热”》（1993年第六期）、《主次职业的四种错位》（1993年第七期）、《搞第二职业，宝钢不允许》（1993年第八期）、《第二职业弊端多》（1993年第九期）、《种好自家地，荒了公家田》（1993年第十期）和《我们走在岗位致富的大路上》（1993年第十一期、第十二期）等文章。

这些有锋芒的讨论，观点各不相同，有的甚至直接对立，但支持改革、发展企业的话题主线一直很清晰，为职工读者展示了市场经济条件下快速嬗变的生活图景，发挥了促进职工群众解放思想、投身改革的积极作用。

随着企业转型的加快，原有的“铁饭碗”相继不复存在，一部分工人开始面临下岗待业的困境，由此产生的冲击远远超过“第二职业”和“下海经商”。《中国工人》及时调整“问题讨论”栏目的话题，推出“工人下岗之后的生活保障和个人权益维护”的新主题。

1994年第一期开始，《中国工人》陆续刊发《“模糊机制”损害职工地位》（1994年第一期）、《国有企业职工“失落感”的主要表现与原因》（1994年第二期）、《我们工人并不低人一等》（1994年第三期）和《期望值不应太高》（1994年第四期）等文章，引发职工读者的广泛共鸣。

在此基础上，《中国工人》迅速把讨论的话题集中到“工人地位”，相继组织刊出《主人翁地位要有物质基础保障》（1994年第五期）、《主人翁为何“失宠”》（1994年第六期）、《落实职工主人翁地位要努力形成三维统一体》（1994年第七期）、《职工“失落感”原因分析》（1994年第八期）、《职工主人翁地位确立不是一蹴而就的》（1994年第九期）、《切实保障职工主人翁地位》（1994年第十期）、《职工的主人翁地位要靠企业去实现》（1994年第十一期）和《职工有实在的主人之感，企业才有走出困境的路》（1994年第十二期）等文章。

这种层层递进式的问题讨论，引发社会各界从理论和现实不同角度关注工人地位的落差，进而深度思考这一问题产生的根源、后果和解决途径，专家学者称赞说“《中国工人》‘走在了前面’”。

经历了最初两年的办刊实践，《中国工人》的“问题讨论”栏目形成了每年更换热点话题的风格，聚焦改革开放、市场经济带来的各种深层问题和社会现实，体现了编辑部对职工权益的持续关注。

探讨“劳动法、劳动合同、集体合同”的话题时，《中国工人》坚定站在职工群众的立场，连续密集发声，不仅报道“部分职工对贯彻实施劳动法的复杂心态”，还明确提出“私营、三资企业须执行劳动法”和“尽快建立劳动法庭”，提醒职工“劳动合同不能强签、代签、漏签”，强烈呼吁“让劳动法成为职工的‘保护神’”。这样全方位的解惑、引导和提醒，有效维护了职工切身利益，同时起到了促进依法规范劳动关系的积极作用。

1998 年第一期开始，“问题讨论”栏目在创办四年后不再继续设立，复刊出版时就存在的“劳动关系评析”和“代表与维护”两个栏目，接力承担起关注社会热点、维护职工权益的职责。

在此之后，《中国工人》陆续组织刊发《职工申诉劳动争议为何这么难》（1998 年第五期）、《600 人为何集体停工》（1999 年第一期）、《谁敢蛮干胡来 工人赶谁下台》（2000 年第一期）、《劳动者利益：遭遇“经济能力”红灯》（2002 年第十二期）、《拖欠工资，为何总有“正当”理由》（2003 年第八期）、《企业改制，职工分流引争议》（2005 年第五期）、《农民工要通过合法途径维权》（2007 年第一期）等重点文章，仅从标题就能看出“为工发声”的勇气和决心。

“劳动关系评析”栏目一直办了 15 年，体现了《中国工人》对市场经济条件下新型劳动关系的长期关注，通过案例解析为读者释疑解惑，普及劳动法规知识，成为广大读者的“良师益友”。

接替“劳动关系评析”出现在《中国工人》上的“维权”栏目，也是对以往“代表与维护”栏目的延续。不同的是，新的栏目依据工会职能更加突出了维权立场，报道力度更大。

“维权”栏目存在的四年时间里，先后刊发了《侵犯个人信息可能构成犯罪》（2009 年第七期）、《少缴员工养老保险费违法》（2009 年第十期）和《维护职工合法权益必须重视和加强民主管理》（2009 年第十二期）等文章。

特别是围绕着当时争议较多的富士康公司工人权益问题，《中国工人》连续4期保持重点关注，推出《解构富士康》（2011年第一期）、《富士康“代工王国”与当代农民工》（2011年第二期）、《囚在富士康“代工王国”》（2011年第三期）、《探访富士康的工伤员工》（2011年第四期）等调查报道，与当时一些专家学者片面保护企业利益的观点形成鲜明对立。

除此之外，《中国工人》还从2000年起开设了“法律顾问”栏目。它的出现，表明依法办事已经开始取代行政手段，逐渐成为解决劳动争议的主要途径。

这个专栏刊出的《被解雇的劳动者如何享受补偿金》《社保处能否扣发企业离退休人员养老金抵偿债务》《破产企业职工能享受哪些待遇》《复议机关逾期不复议怎么办》《可以根据监控资料对当事人作出处罚吗》等文章，都是直接回答读者的提问，帮助读者在面对劳动争议时“心里有法”和“手中有剑”，显示出《中国工人》“为工发声”的坚定立场。

“办出一个职工喜闻乐见的期刊”

1993年开始恢复出版的《中国工人》，依然保留了重视读者来信的优良传统。每期都要刊出的“编读往来”栏目，主要用来刊登读者来信，既有夸赞自己喜欢的文章，也有尖锐的批评和中肯的建议，编辑部同时公开择要答复，收到了很好的互动效果。

1995 年《中国工人》第十一期的“编读往来”栏目，选刊了福建永安内燃机配件厂工会李国森的来信，称赞《中国工人》为自己“提供了一份很有营养、富有特色的十分便利的‘快餐’”。来信说：

我是企业基层工会的一名宣传干事。平时，除了做好厂工会的日常工作外，每月还要出一期全厂性的宣传栏。以往为了搞好宣传栏，苦于要为选择材料花费不少时间。今年厂里增订了《中国工人》杂志后，其中“厂矿宣传栏”的内容为我省却了许多时间和精力。因该栏目摘编的宣传内容紧跟时势、紧贴生活和紧密联系实际，具有广泛而不失重点、时新而不弃原则的格调。

当然，贵刊编排的其他 60 多个栏目可读性和欣赏性亦相当强。该刊的的确确是一本很值得订阅、值得一读的颇显工人特色的实用性杂志。

南京读者张兴兴的来信，刊发在 1994 年《中国工人》第十二期的“编读往来”栏目。他在肯定《中国工人》维权报道的同时，也提出了自己的要求：

我最爱看贵刊的“问题讨论”和“代表与维护”的文章，因为这是我们工人最关心、最感兴趣的内容。现在，很多报刊都抢着炒那些所谓的社会热门话题，只有《中国工人》不忘使命，真正替工人说话。每期杂志一到手，我和几个兄弟就先翻着看这些文章，看到贵刊将那些无法无天、仗势欺人、侵犯工人利益的现象毫不留情地揭露出来，真让人解气。我们厂是微利企业，人均收入每月不到200元，但厂领导却大吃大喝，公费旅游，劳资科长对女工动手动脚的，可是大家都敢怒不敢言。我们工人背地里都说：什么时候《中国工人》的记者要是能到咱们这儿来采访一下就好了……我们还有个要求：贵刊报道了好几起重大的迫害职工、侵犯职工的案件，都在我们心中悬着呢，我们都特别关心结果，希望贵刊能继续报道。

同一期“编读往来”栏目里，《中国工人》编辑部以“编者的话”的方式，公开回应了南京读者张兴兴的来信：

张兴兴同志的建议特别好。本刊报道了一些侵犯职工合法权益的重大事件，这些事件有的久拖不决，至今仍未得到合理、公正的解决；有的处理之后又有反复；有的侵权行为表面上纠正了，实则变本加厉，事态发展更严重了，因此至今没能向读者作个交待。我们今后将有始有终，加强对典型事件的追踪报道。

《中国工人》对于读者意见的重视，让更多的职工读者愿意为办好刊物出谋划策。江西读者李赣笙建议，“刊物的封面设计显得杂乱，可否改进一下，使它更醒目、迷人”。山东鲁南水泥厂工会刘晓东建议，“多登劳模，少登‘名模’，加大对在平凡岗位做出突出贡献职工的宣传力度”。铁道部第十三工程局文力建议，“对侵犯职工合法权益的人和事，要抓住倾向性问题跟踪报道，使《中国工人》成为职工诉说委屈、消除积怨的一席之地”。这些读者的批评和意见，《中国工人》都积极回应，及时改进，让刊物更加扣合职工关注的热点和喜好。

《中国工人》与读者的紧密互动，让越来越多的职工群众在读刊用刊的过程中获得了成就感。1993 年底，江西泰和小龙钨矿袁裕平写了一篇小言论《“当官发财”与“反腐倡廉”》，大着胆子邮寄给《中国工人》，没想到“初试即中”，竟然在 1994 年第三期“百家言”栏目刊登出来，由此坚定了他“爬格子”的信心。西安市周至县马召豆芽坊的王红发曾是一位下岗人员，几近绝望之际，在《中国工人》看到封闭式速生豆芽技术的信息后创业，不到半年就还清了两万多元外债，生活重现曙光。由此，他成了《中国工人》的忠实读者。

这一时期的《中国工人》持续改进办刊质量，社会影响力也不断扩大。当时的主编郭晨曾以《办出一个职工喜闻乐见的期刊》为题，总结了《中国工人》此次恢复出版后的经验和做法。郭晨说：“坚持党的基本路线，为职工群众服务，这就是《中国工人》的根本宗旨。牢牢把握推进改革开放和维护职工权益这两头，就能形成《中国工人》的主体特色，奏响《中国工人》的主旋律。坚决推进改革开放，刊物就有生命力；大胆维护职工权益，为工会为职工说话，刊物就有凝聚力和吸引力，就能在如林的期刊竞争中占据一席之地。”

郭晨认为，《中国工人》是面向全国职工的社会性综合性机关刊物。它不同于理论性政策性强的指导性机关刊物，而是具有社会性和综合性两种属性的机关刊物。郭晨说：“这种属性的规定是开明的，顺应读者市场的，给刊物划出了广阔天地和绚丽色彩，使《中国工人》具备满足多层次读者需求的综合性和与格调高雅的社会刊物同步的兼容性，完全可以在兼及指导性、思想性的前提下，从形式到内容都办活办火，办得丰富多彩，使职工群众喜闻乐见。板着面孔或一种面孔，职工读者就不会喜欢它；端着架子、居高临下，职工读者也不会买它的账。综合性和社会性，实在是改变人们对机关刊物望而生畏或敬而远之的思维定式的法宝，使它的面目变得庄重而亲切，高雅不粗俗，可敬又可爱。”

为了同步体现好综合性和社会性，这一时期的《中国工人》在内容总体安排上，一是抓好政治、经济和社会问题，二是抓好职工生活和工会园地，三是抓好大文化报道。反映政治、经济和社会问题时，以职工的视角进行观察、介绍和剖析，尽可能做到反映社会问题有力度而不折，有深度而不伤，有锋芒而不刺，使人看了萌生忧患意识而又不悲观沮丧。代表和维护职工权益时，既要敢于为职工说话，又要以有关法律和政策为准绳，注重调查研究，依靠当地政府和工会组织，把事实夯实砸牢。做好大文化报道时，力求万象杂陈，新颖精悍，可读性、趣味性、实用性兼而有之，给职工的工作、学习、生活提供丰富的信息和知识。

与此同时，《中国工人》特别注重贴近职工、贴近时代、贴近生活、贴近社会，坚持内容要新、风格要辣、形式要美、态度要真，在“新”字上做文章，找新题材、新视角、新的表达方式，做到人无我有，人有我新，人新我深，人深我奇，人奇我特，在寻求特色的过程中确立自己的总体形象。

面对日益激烈的报刊竞争，《中国工人》努力学习“在读者市场的海洋里游泳”，立足鲜明、可读、实用、信息量大、时效性强五个竞争要素，逐渐受到越来越多读者的喜爱。

从管办分离到改版改制

从 1993 年 1 月恢复出版起，《中国工人》一直由中华全国总工会主管和主办，并由中国工人出版社具体承担出刊和发行工作。

2005 年 4 月，《中国工人》整体建制划归中国劳动关系学院。当期《中国工人》的“卷首语”栏目，以《面向社会，面向基层，服务职工》为题，向读者介绍了这次变动的缘由，传递继续办好这份红色工人刊物的决心。文章说：

> 今年伊始，按照国家新闻出版业实行管办分离的要求，全国总工会书记处作出决定，《中国工人》杂志整建制划归

中国劳动关系学院（中国工运学院），即成为中华全国总工会主管、中国劳动关系学院主办，面向国内外发行的期刊。

《中国工人》杂志是全国总工会创办的唯一一份为全国广大职工服务的大型综合性月刊。承担《中国工人》的编辑出版工作，我们深知自己的光荣使命；服务基层、服务职工，我们更深知自己肩上承担的分量。在今后的日子里，我们决心不辜负广大读者对我们的信任，以自己的忠诚和不懈努力，把《中国工人》办成一份让党放心、对社会负责、使广大职工读者满意的期刊。

2009 年 7 月，《中国工人》全面改版，封面重新更换为延安时期《中国工人》的刊头，大幅调整内容，陆续开设“典型报道”“观察家”“社会纪实”文化家园”“海外观察”“科技视野”“理财 · 收藏”“法治焦点”“案与法”“工人心声”“田野日记”等新栏目。借助主办单位的师资和研究力量，《中国工人》的理论水平和科学知识含量更具有针对性和时效性，读者范围从企业职工向包括脑力劳动者在内的更加庞大的群体延伸，顺应了工人阶级文化素质和受教育程度不断提高的大趋势。

学术理论文章的增多，并没有削弱《中国工人》对工人状况和劳动权益的关注。自 2010 年第四期起，《中国工人》新开“工人心声”栏目，同时开展“体面劳动，尊严生活”专题讨论。《征稿启事》写道：

我们关心，工人能不能及时拿到工资，报酬有没有提高；我们关心，工人安全有没有保障；我们关心，当劳动者权益遭遇不公正对待时，工人所走的是什么样的维权之路，等等。我们希望通过“工人心声”栏目，在普通工人与当下社会之间构建起沟通互动的平台，客观表达工人的真实心声……诚挚地邀请全国各行各业的工人为本刊投稿，告诉我们您的所见所闻、所感所悟、所喜所悲、所得所失，告诉我们您所经历的现实，您所关注的问题，还有您对未来的期望。亲爱的工人朋友们，让我们共同搭建属于中国工人自己的舞台，让社会听到广大工人的真实声音。

本着服务工人、服务读者的宗旨，我刊拟就“体面劳动”“尊严生活”的相关话题开展讨论，可以是理论层面的探讨，也可以是实际工作中的经验交流。

具体约稿内容主要包括：

1. 体面劳动，尊严生活的概念。什么是体面劳动，什么是有尊严的生活。主要是理论上抽象界定，表述上应有自己独特的视角。

2. 体面劳动，尊严生活的标准。即从哪些方面具体表现为劳动是体面的劳动，生活为有尊严的生活。比如社会保障、医疗、教育水准、政治地位等方面的具体体现。

3. 目前状况与“体面劳动”和“尊严生活”之间的差距。

4. 针对存在的问题，提出缩小差距，解决问题的思路。

来稿内容务请精要，切中时弊，关乎痛痒。

我们欢迎您的参与，希望讨论能对中国工人劳动与生活状况的改善起到积极的推动作用。

改版以后的《中国工人》，遵循“以中国工人为主体，传播声音，维护权益，捍卫尊严”的办刊宗旨，坚持“不说假话、直面问题、深度探讨”的办刊风格，让社会听到更多工人群体的声音，职工群众的合法权益受到更多重视，有效发挥了自己应有的作用。

2016 年 5 月，全国总工会对所办刊物进行整体调整，《中国工人》改由中国工人报刊协会主办，随后实行企业化改制，成立了《中国工人》杂志社有限公司。

2017 年 7 月，全国总工会党组决定，《中国工人》重新交由中国工人出版社主办。随后，《中国工人》依照前例恢复重建编委会，延揽专业编辑发行人员，在 2017 年 10 月改版试刊后，自 2018 年 1 月起正式改版。

从 1993 年 1 月复刊至 2017 年 12 月，《中国工人》恰好出版了 300 期。在此期间，虽然主办单位几经轮换，1924 年创刊以后形成的优良传统始终没有变。

2002 年《中国工人》第十期，再次刊出毛泽东 1940 年为《中国工人》撰写的发刊词手迹。

2008 年《中国工人》第九期“卷首语”，再次强调这份党创办的红色工人刊物的历史传承。文章说：

《中国工人》这份有着光荣历史的杂志，诞生于1924年大革命时期的上海，至今已经走过了84个年头。无论是在艰苦卓绝的革命战争年代，还是在新中国成立后的社会主义建设时期，《中国工人》始终坚定不移地以党的路线方针为指导，紧紧围绕党的中心工作和中心任务，在全国总工会的领导下，与中国工人阶级的成长壮大，与国家的建设和社会的进步，与工会工作的发展深化并肩前行。

无论是2009年8月的正式改版，还是2017年10月的改版试刊，《中国工人》从未忘却“创刊于1924年”背后的初心和使命。它始终秉承着党的嘱托，为推进现代化建设和改革开放助威造势，为维护职工群众的合法权益呐喊鼓呼，为丰富职工的精神文化生活竭诚尽力。

第六章
新时代书写新篇章

2016 年 7 月，上海兴业路，中共一大纪念馆迎来更多的朝圣者。展览结束处悬挂的“作始也简，将毕也巨”八个字，把人们带回 95 年前的烽火年代。

时光荏苒，源于德国小镇特里尔的种子，在一代代中国共产党人的心灵中孕育成长。中国工人阶级与中国共产党相生相随，让红色的激流汇入黄色的土壤，掀起汹涌壮阔的狂澜，成就了震撼世界的“中国时间”。

这一年，距离中国共产党创办《中国工人》，已经过去了 92 年。

这一年，距离毛泽东在延安挥就《〈中国工人〉发刊词》，已经过去了 76 年。

在此之前，新中国成立后党的总书记第一次走进全国总工会机关，时隔36年再次以党中央、国务院的最高规格表彰全国劳动模范。

这样的背景下，“不论时代怎样变迁，不论社会怎样变化，我们党全心全意依靠工人阶级的根本方针都不能忘记、不能淡化，我国工人阶级地位和作用都不容动摇、不容忽视”，已经成为整个中国的强烈共识。

1924年创刊的《中国工人》，几经坎坷风雨，又一次迎来赓续红色血脉、书写发展新篇的历史机遇。

溯源追根，不忘初心

从 1993 年 1 月再次恢复出版开始，由中华全国总工会主管的《中国工人》先后历经三个主办单位，尽管承受着日趋严峻的报刊竞争压力，内容亦有调整反复，但始终保持着正常出刊。

但是，如何进一步办好做强《中国工人》，充分发挥这本 1924 年创办的红色工人刊物的作用，依然成为全国总工会党组、书记处关注的问题。

此时，依照中央全面深化改革领导小组的安排，全国总工会正在牵头推进新时期产业工人队伍建设改革。贯彻落实习近平总书记的要求，造就一支有理想守信念、懂技术会创新、敢担当讲奉献的宏大的产业工人队伍，而要真正做到“政治上保证、制度上落实、素质上提高、权益上维护”，离不开思想引领发挥作用。

2016 年 12 月，全国总工会党组决定，《中国工人》改由中国工人出版社主办，主管单位仍为中华全国总工会。

2017 年 1 月 3 日，全国总工会党组主要负责同志作出批示，要求《中国工人》“要选准用好采编人员，坚持正确导向，提高质量水平，增加发行量，提高影响力，通过持续努力，实现办成大刊的目标”。

2017 年 3 月，《中国工人》启动主办单位变更程序，《中国工人》杂志社有限公司同步开始变更工商注册。主办单位的更迭，工作团队的重组，推动着《中国工人》面对新的形势和任务，重新进行一次全方位的自我审视。

7 年后，中国期刊协会推出“《中国工人》杂志社的创新发展之路”专题讲座，《中国工人》主要负责人认为，正是这一次全方位的自我审视，让《中国工人》的年轻团队“从历史中找到自己”，同时可以说服新媒体时代的读者，接受一本近百年历史的红色工人刊物的存在。她说：

> 90 多年的时光里，《中国工人》的面貌几度变换，很多细节被湮灭，需要重新厘清。从后来《中国工人》的发展轨迹来看，这段寻找刊物历史的过程，对整个杂志社的发展至关重要。

在全国总工会资料室的铁皮柜里，26 册新民主主义革命时期的《中国工人》影印本，让刚刚组建的《中国工人》新团队感受到历史重任的撞击。发黄脆弱的纸张，朴素和生动的文字，记载着一段段党领导下的中国工人阶级奋斗历程，印刻着《中国工人》早期创办者的奋斗初心。

由此开始，探寻梳理《中国工人》历史的工作全面开启。多位工运专家学者组成工作小组，广泛收集所有与《中国工人》相关的文献档案，反复论证战争年代每一篇文稿的作者身份，还原每一次暂停出版和恢复出版的细节。最终，《中国工人》从 1924 年开始的历史，就像拼图碎片一样被完整重拾起来——

1924 年 10 月，《中国工人》由中共中央在上海创办，罗章龙担任主编；

1928 年 12 月，《中国工人》复刊，成为中华全国总工会的机关刊物；

1940 年 2 月 7 日，《中国工人》在延安二次创刊，并由中央职工运动委员会主办，毛泽东为《中国工人》题写刊名并撰写《〈中国工人〉发刊词》，后收录于《毛泽东选集（第二卷）》；

1950 年 2 月 15 日，中华全国总工会恢复出版《中国工人》；

1956 年 1 月，《中国工人》再一次恢复出版，仍为中华全国总工会机关刊物；

1993 年 1 月，《中国工人》第五次恢复出版，延续至今。

从 1924 年至今，《中国工人》五次停刊、六次复刊，筚路蓝缕，百折不挠，印证了中国新民主主义革命、社会主义革命和建设、改革开放的曲折与艰辛，也记录了中国工人阶级和中国工会在中国共产党领导下努力前行的历史进程。

随着研究的深入，专家学者们又从 1941 年至 1942 年《解放日报》的版面中，搜寻到 13 期《中国工人》专刊。经过多种文献印证，在 1941 年延安根据地集中停办多种党刊之后，《中国工人》仍然通过《解放日报》延续着毛泽东在《〈中国工人〉发刊词》中的嘱托，继续成为“教育工人、训练工人干部的学校”。

梳理《中国工人》历史的过程，成为《中国工人》不断佐证自我、认识自我的过程。深挖细研，谨慎求证，从 1924 年开始一脉相承的《中国工人》办刊历史，既在筑牢《中国工人》年轻的续办者不忘初心的觉悟基础，更让近百年的《中国工人》文稿，特别是新中国成立前《中国工人》所刊登的先驱文章，成为中国工人运动历史研究的重要文献。

基于学术研究的成果，从 1924 年开始出版的《中国工人》全部完成了数字转化，特别是对 1924 年至 1941 年的繁体竖排文字的错漏逐一进行核定，最终开发上线《中国工人》历史文献典藏数据库。

与此同时，《〈中国工人〉文选（1924—1941）》、《〈中国工人〉文选（1950—1960）》（上卷）和《〈中国工人〉文选（1950—1960）》（下卷）相继正式出版。其中，《〈中国工人〉文选（1924—1941）》汇编整理了新民主主义革命时期党的领袖和工运先驱的重要文稿，以及中国工人阶级承受苦难、奋起反抗的历史记录。《〈中国工人〉文选（1950—1960）》（上卷）汇编整理了党领导下的革命斗争可歌可泣的人物和事件，《〈中国工人〉文选（1950—1960）》（下卷）汇编整理了社会主义革命和建设时期工人运动和工会工作的重要史料。

2017 年 10 月，《中国工人》推出改版试刊，广泛征求社会各界特别是职工群众的意见，为 2018 年 1 月的全新亮相做好准备。改版试刊的《中国工人》焕然一新。封面出现三篇深度报道的题目，分别是《最深切的关怀——2013—2017：习近平总书记与中国工人阶级的 10 段印记》《工人迭代》《为货运司机建一个温馨港湾——浙江货运司机入会行动跟踪》。

7 年以后，回看 2017 年 10 月这一期改版试刊，《中国工人》

发出的“劳动者提升素质应对智能化和数字化冲击”的预警，以及倡导工会组织更多关心新就业形态劳动者的呼吁，显示出超前的判断力和关注意识。

《工人迭代》开篇直言，依靠大量廉价劳动力驱动的传统制造模式，如今正被工业机器人改写。随着工业大数据贯穿订单、设计、生产和配送的全流程，中国工业制造正在通过人工智能来实现产业升级，智能化、数字化的浪潮席卷而来，工人自身也需要迭代式提升素质。报道说：

> 每一次技术迭代的开始，就是一次工人迭代的开始。应该说，如果没有工匠技能的积累，工业革命甚至都不会发生。在工人迭代的背后，则是劳动岗位和劳动者生活的巨变。
>
> 未来的工业图景里，我们也许会为那些逝去的工作岗位感到淡淡的忧伤。
>
> 但是，新一次制造业革命的勃兴，人工智能对于制造与生产的颠覆，将让每一位工人重新把自己武装起来，迎接充满想象和戏剧化的工业传奇时代。

当然，《中国工人》同样没有忘记为劳动者的权益鼓与呼，特别提醒要重视政府这只“无形的手”。《工人迭代》以德国由政府和企业承担工人培训费用为例证，呼吁政府相关部门加紧出台政策，为那些被“机器换人”替代的工人规划未来的出路，最终能够端起新的“饭碗”。

另外一篇深度报道《为货运司机建一个温馨港湾——浙江货运司机入会行动跟踪》，首先披露的则是2017年的一组数据——

据统计，目前全国约有1700万辆载货汽车，3000多万名货车司机，每天平均在途货物运量8400余万吨。按全国14亿人口总量计算，在我们身边，每100个人中就有2人从事公路货运行业。

《中国工人》就此分析说，高流动、高强度、高风险是道路货运行业的鲜明特征。与“三高”相对应的是“三低”——组织化程度低、从业者文化程度低、社会保障低，庞大的群体规模与缺位的组织体系形成强烈反差。

受制于劳动关系等法律和体制因素，“近九成货运司机一直游离于工会组织之外”，发声渠道不畅，行业认同感较低，归属感不强。面对这些问题，《中国工人》明确提出，利用“互联网+”加强引导和服务，把广大货运司机组织到工会这个“家”里来已经刻不容缓。

尽管是改版试刊，《中国工人》依然紧紧扣合了职工群众的切身利益。这种超前关注和判断，离不开“站在最大多数劳动人民的一面”的初心。

2018年1月，《中国工人》推出此次改版后的第一期。全国总工会主管宣传教育工作的领导同志为《中国工人》撰写“改刊词”。这篇题目为《新时代，新使命，新作为》的文章被刊登在当期《中国工人》第1页。文章说：

> 《中国工人》是一本有着光荣历史、优良传统的杂志，在全面建成小康社会的决胜期，在中国改革开放整整40年的时刻，《中国工人》全新改版，可以说是应运而生、水到渠成，是件可喜可贺的事。
>
> 站在新时代的历史方位，《中国工人》坚持什么样的初心，往哪出发？在新一次改版之际，我们愿重申这份刊物1924年创办时的初衷，站在最大多数劳动人民的一面。

“改刊词”强调，《中国工人》是工人自己的期刊，是工会自己的舆论阵地，客观真实的原则不能忘，求真务实的精神不能弃，团结引领的本领不能丢。

在突出坚持政治家办刊的同时，“改刊词”特别提出，“内容越贴近职工生活，就越有影响力”，因此，“要在内容上形式上力求精简，在文字上力求通俗易懂”。对内容和风格的这种具体要求，与毛泽东1940年在《〈中国工人〉发刊词》中所言，“多载些生动的文字，切忌死板、老套，令人看不懂”，显然一脉相承：

> 多深入火热的生产生活一线，把镜头对准基层，把版面留给职工，又要依靠广大职工提供素材，写文章、提意见，组织对刊物的阅读和批评，真正做到“全会办刊”。不管媒

体怎样融合，坚持内容为王，遵循新闻规律，依然为大众接受。要坚持办好主打和特色栏目，多出有思想、有温度、有品质的作品。

由全国总工会党组负责同志署名刊出“改刊词”，这在1993年《中国工人》恢复出版以后还是第一次。“改刊词”强调了“在全国总工会的领导下”这一组织原则，明确了“和广大职工群众建立密切的巩固的联系”这一核心任务，赋予了工运事业“集体的宣传者和组织者”这一作用定位，成为《中国工人》此后始终遵循的宗旨和方向。

让中国工人看见潮水流动的方向

改版以后，《中国工人》重新调整了栏目设置，新推出“深度报道”“向劳动者致敬”“工关注”“大国工匠”等重点栏目，并邀请劳模工匠、专家学者每期撰写专栏文章。这样的变化，突出了为劳动者办刊的主题，令人耳目一新。

在这些全新推出的栏目中，无论是从题材分量还是报道篇幅看，“深度报道”都是每一期《中国工人》的“重中之重”。毕竟，互联网带来信息爆炸的背景下，常规的文字报道受到新媒体海量内容的冲击。深度报道所具有的揭示真相、引导舆论、推动社会进步的作用，日益显示出影响读者的力量。

解析《中国工人》的深度报道，篇幅较长、信息量大、背景丰富、观点独特，关注社会热点、挖掘深层问题的特点十分明显，能够为读者提供认识社会、思考现实的独特视角，有助于形成积极的舆论导向，推动职工群众形成思想共识。

《中国工人》推出“深度报道”栏目的年份，恰恰是中国改革开放的第40个年头。党的十八大开启的新时代，正在书写中国发展进步的壮丽史诗。时代浪潮的巨幕上，是每一位奋力奔跑的劳动者勾勒出的斑驳光影。

对于《中国工人》而言，实现党和工会所赋予的思想政治引领的重任，就需要站在时代的潮头，去回看，去瞭望，去发现，去表达，让中国工人看见潮水流动的方向。

2018年12月，《中国工人》以16页的篇幅，推出深度报道《改革时间》。在纵跨1978年到2018年的时间轴线里，这篇报道撷取了众多可以被触摸和感知的历史细节，让原本看似独立存在的事件和人物串联起来，以真切而激扬的写作手法描绘了中国工人阶级在改革开放年代的贡献与成长，再现了劳动人民在改革开放大潮中不可或缺的历史创造力。

《改革时间》的篇末部分，依照“文中出现顺序”，逐一列出了全文报道的31位劳动模范和先进人物的名字——

吴运铎、戎冠秀、马恒昌、张秉贵、李斌、包起帆、窦铁成、蒋筑英、邓稼先、吴大观、柳传志、马永顺、李双良、王有德、王顺友、宗庆后、杨怀远、郭凤莲、邱娥国、张云泉、孔繁森、桂希恩、钟南山、朱雪芹、胡小燕、康厚明、许振超、郭明义、巨晓林、高凤林、杨利伟。

在《改革时间》所描述的壮阔历史波澜中，这些人物在不同的年份相继出现。“假如还有来生”的这一部分，便记录了在中国耳熟能详的四位全国劳动模范：

> 这是改革开放的第一年，打破坚冰正在让中国的发展面临“惊险的一跃”。无论是吴运铎、戎冠秀、马恒昌还是张秉贵，或许都没有意识到一次伟大的革命正在慢慢发生。然而，他们都在用自己生命的最后时光，继续着对祖国的忠诚。
>
> 1985 年 5 月，马恒昌第一次抗拒了组织上的决定，坚持离开友谊医院，乘上北京到齐齐哈尔的火车。他说：“北京不能再待了，花钱太多了，那都是工人的血汗钱啊！”
>
> 两个月后，马恒昌因癌症医治无效去世。临终时，他的眼角流出两颗热泪，没有遗言。
>
> 1991 年 5 月 2 日，吴运铎因肺心病复发抢救无效，停止了呼吸。几个小时前，他还接待了三批来访者。在与死神抗争的最后日子里，他无比眷恋着党和祖国：“假如我有来生来世，我还要把一切献给党！”
>
> 这些感动中国的劳动榜样，就这样离开了沸腾的生活。如果把中国比作一列开往富强美好的列车，他们已经无缘欣

赏愈加绚丽的风景。但是，所有前行者的精神财富，都让我们拥有更多的勇气，迎接改变中国的凤凰涅槃。

除了“假如还有来生”，《改革时间》还有“做最好的工匠”“为爱义无反顾”“底层的清贫者”“恪守初心之辈”“跨世纪的迁徙”“走向光明未来”六个部分。整篇文章以激昂的文字，点亮着亿万职工继续前行的奋斗之光：

40 年改革开放，就这样改变着每一个普通的中国人。我们奋斗的样子，我们散发职业魅力的瞬间，我们闪耀人性光辉的时刻，都是这个伟大时代的印记。所有的细节汇聚起来，融合成波澜壮阔的历史画卷，成为中国故事足以打动人心的情节。

这是影响中国未来的改革时间，已经开始，永不结束。

这是写入中国历史的关键节点，我们和我们的时代，致敬来路，再次出发。

2018 年改版后的最初两年，《中国工人》推出了一系列深度报道，包括《厉害了！摘“星”技术工人》《追光：2.8 亿人的利益表达——农民工全国人大代表的创生与成长》《新时代，去奋斗——中南海回信和最有名的“劳模班”》《工人议政简史——民主的细节和劳动者的力量》《我们为什么爱祖国——1949—2019：70 位中国工人的家国记忆》，都显示出《中国工人》注重把深度报道的宏大叙事与职工群众的认知觉悟紧密结合起来，发挥着思想政治引领的积极作用。这些深度报道都和《改革时间》一样，具有鲜明的报道立意与风格，成为这份党创办的红色工人刊物在新时代坚持思想引领的新载体。

在组织采写刊出深度报道时，《中国工人》注重从大事着眼，细节入手，善于把关乎中国工人阶级历史发展的重大主题，通过打捞重现不同年代的历史细节，让职工读者在沉浸式阅读的过程中，潜移默化地受到感染，做出自己的价值判断。

2018 年 3 月，十三届全国人大一次会议和全国政协十三届一次会议举行。《中国工人》推出深度报道《追光：2.8 亿人的利益表达——农民工全国人大代表的创生与成长》，以农民工全国人大代表为切入点，讲述改革开放后这一群体的成长过程。

2019 年 3 月，又是全国两会召开之际，《中国工人》推出深度报道《工人议政简史——民主的细节和劳动者的力量》，站在了比以往更高的视角，从追踪第一届全国人民代表大会的工人身份代表开始，刻画了孟泰、马恒昌、马万水、马六孩、梁军、胡小燕、康厚明、朱雪芹、李斌、许振超等一线劳动者走上共和国最高议政殿堂的历史进程。文章写道：

> 当改革进入深水期的时候，平衡不同社会群体的利益直接关联发展与稳定的大局。让底层利益诉求得到公平表达的机会，是社会公正和国家治理的重要体现，工人议政则是中国民主政治不同群体充分实现利益表达的生动缩影。

全国人大代表的经历，改变着每一位有幸进入议政殿堂的劳动者。他们也把自己的执着和坚守，融入这份为亿万职工代言的事业。

今天，来自一线工人包括农民工在内的全国人大代表，已经成为国家最高权力机关里的重要力量。他们的议政故事，迸发出生生不息的力量。

今天，工人代表的每一次利益表达，都构成了中国民主政治生活的生动细节。不同社会阶层的政策博弈，正在因为他们的出现变得更加公正和公平。

在自媒体爆发的时代，“内容为王”依然显示出主流刊物的生命力。《中国工人》坚持不懈抓好选题策划，深耕深度报道，沿着历史找深度，在新中国成立70周年之前，《中国工人》编辑部提前策划，决定从新中国成立后每一年份选取一位具有年度意义和时代意义的中国工人，汇聚成为中国工人阶级镌刻在历史深处的生动故事，汇聚他们为共和国发展做出的卓越功勋。

这一次的深度报道，沿用了党在1940年二次创办《中国工人》后，编辑者曾经采用的专刊形式。不同的是，当时的专刊是“二七”纪念专刊，记录的是革命先驱勇敢牺牲的抗争与呐喊。这一次的“新中国成立70周年”专刊，记录的则是亿万职工群众创造美好生活的“家国记忆”。

2019年7月起，《中国工人》的采编团队前往全国各地，通过实地采访完整还原70位中国工人的故事，人物年代横跨

70 年，涉及地域遍布大江南北。为确保 70 位中国工人的代表性，《中国工人》邀请 8 位工运专家反复进行人物论证，并对全部稿件反复审读复核，确保真实准确。

最终完成的报道，以 10 年为一个时间节点，将新中国 70 年划分为 7 个年代，分别定名为“激情年代（1950—1959）”“奉献年代（1960—1969）”“坚守年代（1970—1979）”“改革年代（1980—1989）”“转型年代（1990—1999）”“发展年代（2000—2009）”“梦想年代（2010—2019）”。除了每年有一位中国工人的故事，每个年代还选定一位时代人物进行重点报道，同时配发图片展现年代记忆。

2019 年 9 月，《中国工人》以《我们为什么爱祖国——1949—2019：70 位中国工人的家国记忆》为题，推出“新中国成立 70 周年”专刊。报道说：

> 这份专刊是我们献给祖国的一份小小礼物。它是在时光的隧道里，撷取的家国故事片段；它是对一个阶级的奉献，给予的小小纪念。家是国的微缩，国是家的放大。中国工人的家国记忆里，家国相依，缔造奇迹。中国工人的家国故事里，写满了平凡与伟大的辩证，一瞬与永恒的哲学。

这一期《中国工人》，用 70 位中国工人的家国记忆，弥漫历史气息的文字和影像，记录那些曾经感动亿万中国人民的劳动榜样。一并刊出的《中国工人》编辑部署名文章《在最好的时代，爱我们的祖国》，没有忘记创办并延续这份红色工人刊物的革命前辈——

95年前，一群充满理想与激情的革命者，在阴云密布的战乱年代，创办了《中国工人》。这份印刷粗陋的红色杂志，描绘着他们的梦想，描绘着他们心目中最好的时代。

时光荏苒，我们来到了新中国成立70周年的历史节点。对历史的最大致敬，就是创造更灿烂的未来；对前辈的最好纪念，就是努力成为新时代的奋斗者，书写“可爱中国”的最新篇章。

在最好的时代，爱我们的祖国。我们奋斗的样子，我们散发职业魅力的瞬间，我们闪耀人性光辉的时刻，都是这个伟大时代的印记。所有的细节汇聚起来，融合成波澜壮阔的历史画卷，成为中国故事足以打动人心的情节。

在最好的时代，爱我们的祖国。无论社会风云如何变幻，良知的力量，团结的力量，公平的力量，依然是构筑民族精神大厦的基石，劳动光荣依然是整个国家崇尚尊重的英雄品质。无论多么羸弱的肩膀，肩并肩就可以改变世界，手挽手就可以创造未来。

我们为什么爱中国？

最好的年代，已经给了最好的答案。

《中国工人》的这一期“新中国成立70周年”专刊，入选中宣部“庆祝新中国成立70周年”期刊主题宣传引导资助项目，成为面向亿万职工进行爱国主义宣传、展现中国工人阶级精神风貌的经典案例。有读者评价说，“《中国工人》的这些深度报道，就像处在时代高地的眺望之塔，用自己特有的观察视角和理性思辨，让中国工人看见潮水流动的方向”。

刻录新时代中国工人阶级的形象

2018年的这一次改版，《中国工人》面对的是全新的舆论宣传环境。随着互联网传播趋势带来的媒体受众快速分流，传统的报纸和刊物开始承受越来越大的生存压力和挑战。这样的背景下，实现全国总工会党组“增加发行量，提高影响力，通过持续努力，实现办成大刊的目标”的任务，首先需要《中国工人》厘清自我定位，在“学习什么”“保留什么”“放弃什么”一系列问题上，做出“对的选择”。

《中国工人》有一个不成文的惯例，新的采编人员入职时，都要逐一翻看从1924年开始的每一期《中国工人》。每年的2月7日，也就是毛泽东在1940年撰写《〈中国工人〉发刊词》的日子，整个团队都要集体重温《中国工人》历史展，由最年轻的成员为大家讲述《中国工人》发展的历史。

正是在这些敬重初心的仪式感中，《中国工人》汲取着历史沉淀而成的经验，日益清晰地辨别着自己的立足之基和发展之路——做一本及时传递党和工会组织关爱、服务职工的刊物，做一本坚守劳动情怀、记录劳动梦想的刊物，做一本与中国工人阶级相濡以沫的刊物。

就这样，《中国工人》把关注的目光牢牢驻留在亿万职工的身上，走进深井、油田、山林、旷野，与之同乐，与之同忧，为新时代中国工人阶级画像。

大国工匠、劳动模范、优秀技术工人是时代的精英，毫无疑问要成为《中国工人》的主角。2018 年改刊伊始，《中国工人》便推出组合报道《厉害了！摘“星”技术工人》，带领读者走近获得国家科技进步奖的优秀工匠人才。

《中国工人》整理发现，12 年前，国家科学技术进步奖首次设立工人农民科技创新评审组。随后，通过全国总工会的推荐，先后有 15 位技术工人的优秀技术成果获评国家科技进步奖二等奖。这些来自技术工人的获奖项目，不仅产生了可观的经济效益，更会带动更多一线职工参与创新创造，具有长远的辐射作用。为此，报道逐一列出了当时全部 15 位获奖技术工人的名字：

> 2007 年年初，一则新闻令一线技术工人感到扬眉吐气：在党中央、国务院举办的国家科学技术奖励大会上，一汽大众汽车有限公司的普通技术工人王洪军，获得 2006 年度国家科技进步奖二等奖，这是该奖项设立以来首次有工人获奖。
>
> 随后，国家科技进步奖开启了属于技术工人的“巅峰时

候”：2007 年，国家科技进步奖二等奖杨建华；2008 年，国家科技进步奖二等奖代旭升、赵林源；2009 年，国家科技进步奖二等奖王康健、许杏桃；2010 年，国家科技进步奖二等奖李斌、郭晋龙；2011 年，国家科技进步奖二等奖高森；2014 年，国家科技进步奖二等奖田明、王进；2015 年，国家科技进步奖二等奖白伟东；2016 年，国家科技进步奖二等奖朱洪斌；2017 年，国家科技进步奖二等奖黄金娟与洪家光。

这一期《中国工人》，集中刊出了当时所有获得国家科技进步奖的技术工人的照片，逐一介绍了每一位技术工人的获奖项目。同期“刊首语”《人生何处不显峰》，则以“热爱坚持一相逢，便创造奇迹无数”开篇，赞美这些身怀绝技的大国工匠日积月累，渐悟顿悟，铁杵成针。文章写道：

当热爱与坚持相遇，即使身为工人，也能够一天天将自己打磨成工匠的样子，摘取那些曾经仰望的星，让自己也成为闪耀之星。

人生是自己书写的一本书。打开扉页，每个人的开始都大相径庭，哪位从“工人”开始一步步修炼到“工匠”的人，不曾有过凡人一样的迷惘，却始终在用自己的方式，顽强地拒绝平庸。

在互联网时代，社会公众对于信息的获取更加便捷，思想意识日渐独立而多元，这对原有的包括优秀劳动者在内的先进人物宣传产生挑战。《中国工人》意识到，做好大国工匠、劳动模范、优秀技术工人的宣传报道，就必须以创新为要，在内容、形式、手段等多个层面实现创新，从全新的视角去呈现职工读者愿意接纳的“平民英雄”，让他们从中感受到信念、坚守和人格的力量。

2022 年 8 月，《中国工人》开始推出“中国工人蓝沙发”栏目。在这本红色工人刊物近百年历史上，这是第一次尝试融合纸刊和影像的大型人物报道。《中国工人》的记者编辑化身主持人，邀请大国工匠、劳动模范、优秀技术工人走进“中国工人蓝沙发”的直播间，在聚光灯下分享自己的人生经历，展示包括担当、坚守、初心在内的成功密码。这些访谈的内容整理刊发在《中国工人》后，职工读者还可以扫码观看访谈视频，实现了见人见事、有形有声的传播效果。

第一个受邀出现在“中国工人蓝沙发”直播间的是全国劳动模范巨晓林。这位中铁电气化局集团第一工程有限公司第六项目（高铁）管理分公司接触网技术员，从一名普通农民工成长为知识型工人、农民工楷模，同时成为中华全国总工会副主席。

从 2018 年开始，巨晓林就是《中国工人》大国工匠顾问团的成员。走进“中国工人蓝沙发”的直播间时，他带来的厚厚一沓工作笔记和学习笔记中，穿插有不少创新灵感骤然迸发时记下的简笔画草稿。《中国工人》后来刊出的报道中，细心地描绘了这个细节，成为“巨晓林为什么能成功”的一个答案。

《巨晓林：不负热爱》《高凤林：坚持最初的理想》《刘更生：要讲究，不将就》《何光华：用心才能把事情做好》……“中国工人蓝沙发”栏目刊出的这些报道，让劳动榜样褪去了以往容易出现的说教和刻板，以平民化的视角去观察和记录先进人物，既赞美他们的梦想、坚定、奉献和成功，也不回避他们所经历的苦痛、彷徨、失落和忍耐。这种摒弃了“高大上”式的绝对化思维，让大国工匠、劳动模范、优秀技术工人回归生活，重新成为可信可亲、有血有肉、能追能及的普通人，能够被社会公众所真心接纳。

“态度：大国工匠的自我修养”，“看见：大国工匠的创新之路”，这是“中国工人蓝沙发”先后推出的报道主题，也成为《中国工人》创新先进人物宣传的缩影。2018 年改版以来，《中国工人》坚持在报道对象、价值取向、报道结构、报道文本、传播路径等方面持续发力，数百位大国工匠、劳动模范、优秀技术工人走上版面，展现时代特征，回答工人困惑，有效传播了劳模精神、劳动精神、工匠精神等主流价值观。

在报道劳动榜样的过程中，《中国工人》坚持延续红色工人刊物的优良传统，特别关注优秀女工匠、女劳模、女工人，更没有忘记曾经感动中国的巾帼英雄。

2023 年 5 月 20 日，《中国工人》微信公众号发文《思念您的第 100 天！新中国第一位女火车司机悄悄走了》，首次向全国报道了全国劳动模范田桂英去世的消息，经历过新中国成立初期创业艰辛的人们不禁为之唏嘘。

1950年，作为新中国第一位女火车司机，20岁的田桂英成为最早一批全国劳动模范，被誉为妇女的“火车头”。当年，田桂英与《中国工人》结缘，她在驾驶室里的工作照和火车出车典礼的场景，曾两次登上了1950年的《中国工人画刊》。

2022年8月，《中国工人》记者专程赶到沈阳采访，田桂英在72年之后又一次成为《中国工人》的主人公。题为《妇女的火车头》的报道说：

> 退休后，田桂英还加入了沈阳市劳模物业公司，每天与20多位离退休劳模一起，义务维护沈阳北运河的卫生。无论走到哪儿，她始终勇当“火车头”。她总是谦虚地说：“我一生得到的远比我付出的多。在那个特殊的年代、特殊的情况下，机遇把我推上去了，我做的那点工作不值得一提。”
>
> 几年前的一次骨折，使田桂英鲜有机会走出家门。为了给母亲的晚年生活添点色彩，田桂英的女儿于倩特意在家中养了种类繁多的花草。每天下午，于倩都会把一条长毛巾扭成长条，让母亲田桂英抓住一端，努力地坐起来，锻炼一下。
>
> 有时候，田桂英还会在女儿的搀扶下坐在轮椅上静静地发会儿呆。于倩说：“母亲坐在轮椅上，身体会努力地前倾。”这或许是田桂英在重温开火车的姿势，抑或是在回忆那段激情燃烧的岁月。

那次接受《中国工人》采访时，田桂英笑眯眯地半躺在床上，用力握住记者的手，过了许久才说：“谢谢你们给我送了这么漂亮的花。”临别之际，她又一次握住记者的手说：“谢谢你们来，谢谢你们记得我。”

彼时，《中国工人》和田桂英约定，“我们明年一定再来看望您！”然而，这个约定再也没有机会实现了。但是，《中国工人》没有忘记她——

她带着她的火车司机梦去了远方，
将女性的力量，
奋斗与拼搏的力量，
留给了后人。

2022 年 9 月，《中国工人》推出组合报道《她们的征途——看见女性劳动者的生活与理想》，成为这份红色工人刊物在新时期宣传优秀女工匠、女劳模、女工人的典型样本。

这组报道纵跨 1949 年到 2022 年，从建设年代“突破自我的征途”，到改革年代“乘风破浪的征途”，再到新时代“不负时代的征途”，全景记录了一代又一代女性劳动者用劳动谱写奋斗的篇章。报道说：

在那个火红的年代，一批女性劳动模范用行动证明着“男人能干的活儿，女人也能干”的道理。这一时期，她们没有惊天动地的壮举，却用脚踏实地、苦干实干的精神，闯出了属于女性的一片天地。

在那个充满机遇与挑战的时代，一批女性劳动模范重塑着大众对女性的价值判断，在改革的浪潮中寻找到属于自己的社会坐标。

从大国重器到大国工程，女性劳动者撕掉性别的标签，在高精尖的科技战线上潜心研究，在创新创造的浪潮中奋勇拼搏，在新征程中续写女性的光荣与梦想。

除了《田桂英：妇女的火车头》，这期《中国工人》还同时刊出了《梁军：把拖拉机“开”上人民币》《赵梦桃：永远年轻的纺织姑娘》《韩利萍：时光不负有心人》《刘丽：做一个努力奔跑的人》《何光华：“电缆医生”是怎样炼成的》《姚启明：弯道超车》和《易冉：焊花飞溅舞翩跹》等人物报道。其中，梁军、赵梦桃都是20世纪50年代影响广泛的全国劳动模范，韩利萍、刘丽、何光华都是大国工匠，何光华还是国家科技进步奖的获得者，姚启明是亚洲唯一获得国际汽联许可的赛道设计师，易冉则是党的二十大代表。

这一期的“刊首语”《月亮与六便士》，阐述了《中国工人》关注女性劳动者的生活与理想的初衷。此前，《中国工人》的采访团队奔波在沈阳、无锡、株洲、上海和大庆之间，深入这些女性劳动者曾经工作与生活的地方，同时从70多年前的新闻记录影像里寻找田桂英、赵梦桃和梁军的青春，寻找那一代中国女性劳动者散发光芒的开始，还原她们原本就有的坚定、睿智和理想。“刊首语”写道：

> 100 多年前，毛姆在《月亮与六便士》里写道：“在满地都是六便士的街上，他却抬头看见了月亮。”
>
> 月亮与六便士，一个代表理想，一个代表现实。在中国，每一位职业女性的月亮与六便士，抬头与俯首之间，没有对错，只是选择。总有一些人，就像竭力流动向前的溪流，寻找到越来越多的同伴，一起奔入时代的大海，成就了彼此的壮阔波澜，亲手摘下了心中的月亮。
>
> 向我们的时代致敬。
>
> 向每一位巾帼工匠的生活与理想致敬。

为了每一位劳动者都能被温柔以待

有态度、有温度、有情怀，这是 2018 年《中国工人》改版时的立意和主张。从那时起，与大国工匠、劳动模范和优秀技术工人一起成为报道主角的，还有更多的普普通通的劳动者。

从爱写诗的环卫工人到爱弹琴的建筑工人，从流水线上的“00 后”到辗转南方谋生求职的打工女孩，从用视频博客记录生活的外卖小哥到给卡车司机设计床垫的工友，这些平凡劳动者的故事经过《中国工人》的传播，让每一位有理想、肯付出、会生活的中国工人有了人生出彩的机会。

2022 年夏天，南方各地频频发布高温红色预警，《中国工人》记者赶赴广东，住进了打工者闷热的宿舍，近距离观察流水线上的年轻人，记录时代浪潮下的星辰大海里，那些蜷缩在螺丝、机器和电路板里的枯燥单调，那些为艰难生计蹒跚前行的困惑挣扎，那些拼力想要安放在自己未来幸福图景里的心。

这次采访的内容，后来刊登在《中国工人》2022 年第八期，报道的题目是《流水线上的年轻人——徘徊的现实与希望的理想》。记者看到：

> 随着越来越多工厂的转移和经济结构的变化，到珠三角打工的人渐渐变少了，愿意走进工厂流水线的年轻人也在流失。
>
> 走进龙华汽车站三楼，明码标价的招工广告密密麻麻地贴满了整面白板，工价从每小时 25 元至 29 元不等，与之配套的还有劳务中介不停吆喝的声音。
>
> 有经验的“打工仔”只要问中介几句话，就能判断出这份工作能不能干。“干活站着还是坐着？夜班上多久？最短干几天有工资？几日发工资？”如果都没问题，就可以把身份证交给中介，再通过指定线上 AI 面试程序进行简单面试。接下来，就等大巴车接走去体检。快的话，经过两三天培训，就可以正式上岗。一份工厂流水线的工作，就这样开

始了。

与流水线上的打工人一起生活，让《中国工人》记者有了全新的采访体验，从一个又一个鲜活的工人个体中窥见了打工者的世界。在他们的心里，故乡与他乡之间已经产生了微妙的情感变化。《中国工人》这样记录打工者雷小亮的故事：

> 2019 年，雷小亮和妻子一起回湖南老家待过两年。结果，回去之后，他特别想念东莞，想念这座城市的街道和路上摩肩擦踵的陌生人，以及这座城市里让他习以为常的东西。
>
> 在湖南老家，雷小亮找不到可以聊天的朋友，邻居还经常对他指点议论。“家乡会让人产生一种自卑感。好像别人都挣到了钱，回到家乡买了车、盖了房，但是自己什么都没有。”在雷小亮看来，东莞到处都是打工人，谁也不认识谁，反而感觉很平等。

在《中国工人》的报道中，雷小亮和他的工友们坐在闭塞的厂房里，“虽然谈不上有多好，却成为生活中稳固的角落”。直到日落黄昏，他们会在夜色彻底变暗之前骑行到郊野公园，忘记有关工厂、选择和人生的困扰，大口呼吸。

这种聚焦时代背景下小人物命运的报道，让个体的境遇成为时代的注脚，显示出《中国工人》的平民立场和人文情怀。对于无名之辈劳动生活状况的记录，让整个社会看见了水面之下的庞大群体，看见才会关注，关注才有力量。因为这些，更多的劳动者在打开《中国工人》的那一刻，都能感受到被看见的温暖和力量，感受到个人命运跟社会和时代紧密相连。

《中国工人》在报道普通劳动者时，特别留心选择那些努力实现梦想的人。2023 年 4 月，诗集《一个人，也要活成一个春天》的出版登上微博“热搜”，它所收录的 217 首诗歌，出自 54 位不同行业的劳动者之手。《中国工人》2023 年第五期刊出的《左手劳作，右手诗歌——他们的生活与时代的表达》，注意采访这些写诗的外卖员、油漆工、矿山女工和盲人按摩师，让这些诗意生活的劳动者，在这一个春天被更多人看见——

> 52 岁的沈阳油漆工祁永春在工地写诗，“我端起枪 / 瞄准似平不平的墙面 / 喷出真石漆 / 喷出大海腰间的各色雨花石”。
>
> 53 岁的莱芜矿山女工曹会双在钢厂写诗，“这些句子，说到我心里了 / 直想拍桌子欢呼几声 / 我那些难挨的时光，难挨的煎熬 / 作者已替我说得周周全全”。
>
> 35 岁的长春前线東厂工人任嘲我在流水线写诗，“我把一天十三个小时卖给工厂 / 换回来两百块钱 / 这两百块钱 / 仿佛让我抵押了尊严 / 又帮我赎回了尊严”。

《中国工人》坚持认为，让每一位劳动者都能被温柔以待，不仅要展现他们的生活和理想，同时还要推动整个社会给予他们更多关心关爱。2020 年 9 月，互联网上的一篇热文《外卖骑手，困在系统里》引发广泛争议，接连引爆骑手 50 分钟违章 6 次、上海每 2.5 天就有一名外卖员伤亡等焦点。2020 年 9 月，《中国工人》“刊首语”刊出《算法时代的劳动焦虑》，针对社会热点直接发声。文章说：

> 面对外卖骑手的困境，有的声音把“算法”当成了“背锅侠”，这既不符合实际情况，也把问题的核心从价值观淡化成了信息技术。不消须臾，理智的反对声音就已经出现——技术没有价值观，但技术背后的人必须要有。在花哨的新词汇新概念背后，逃不脱的还是劳动者合法权益的主张与保护。

站在普通劳动者的立场，《中国工人》尖锐地批评道，一方面是门槛聊胜于无的就业大门让外卖骑手几乎找不到个人的存在感，另一方面是平台寡头霸占着制定“游戏规则”的话语权，这就需要真正强化拉动法律、政府管理和商业伦理道德的管束力度。文章说：

> 84 年前，喜剧大师查理 · 卓别林在他的代表作《摩登时代》中，以黑色幽默的形式展现了工业初时代的工人生活……工业时代向数字时代的转化过程中、平台经济浪潮下

外卖骑手的困境，几乎就是当年流水线工人无奈挣扎的翻版重演。

尽管舆论场里热闹非凡，骑手与平台，这场数字时代的劳动博弈，胜败结果显然毫无悬念。但是，在席卷社会生活的信息时代大潮里，如果无人能够解救“困在系统里”的劳动者，我们奋力奔跑的目的和意义，又在哪里?

《中国工人》持续不断地推出不同主题内容的重点报道，焦点只有一个——让普通劳动者享有更平等、更有尊严的生活。仅以2021年部分封面文章为例，即可看出在这种办刊理念主导下，《中国工人》变得更有温度和力量。

2021年第一期——

刊出《以职工为本——中国工会服务站点建设纪事》，关注从困难职工帮扶中心到职工服务中心，从爱心妈咪小屋到女职工休息哺乳室，从“劳动者港湾”到“爱心驿站”，推动工会服务场所与职工需求同频共振。

2021年第三期——

刊出《工声嘹亮——维护劳动者合法权益的工会表达》，呼吁在新技术、新业态、新模式加剧了劳动关系复杂化的背景下，深度关注并积极维护互联网衍生职业者的合法权益。

2021年第十一期——

刊出《一样的“双11”，不一样的工会温暖服务》，报道快递小哥在最忙碌的时刻收获的尊重与关爱，特别是5万名快递员集体入会，新就业形态劳动者温暖行动服务月启动，中国工会彰显着关爱劳动者的国家力量。

2021 年第十二期——

刊出《请让我来保护你——1993—2021：新就业形态劳动者的困境与暖冬》，再次鲜明提出，无论互联网如何改变就业形式和劳动关系，平等的就业、良好的工作条件、相同的社会保障，都是新就业形态劳动者的基本权利。互联网技术不能被无所限制地滥用，资本不能冷酷无情地把人变成奔跑的机器。

在此之后，《中国工人》继续关注普通劳动者的境遇，先后推出《通往公平之路——构建和谐劳动关系的历史观照》《聚焦新就业形态劳动者：走进他们的真实生活》《情暖万家——送温暖活动与职工相伴的 31 年》等重点文章。这些报道，或聚焦法律修订带来的数字时代劳动关系变革的重要调整，或呈现工会主席体验网约车司机生活带来的水乳交融和相知相通，或从温暖万家的工会工作品牌的历史演进中，梳理出更好关爱普通劳动者的未来之策，都受到读者的好评。

殊为难得的是，《中国工人》始终保持敢于“为工发声”的勇气。特别是在 2020 年新冠疫情骤然肆虐的时候，火线亮相的“中国工人社评”栏目，连续刊出一系列富有前瞻性和战斗性的评论，为疫情困境下的普通劳动者鼓与呼。

2020 年 2 月 4 日，首篇中国工人社评《合力正在星火燎原，让忧心饭碗的劳动者等到春暖花开》，先行通过中国工人微信公众号发出，呼吁要让更多中小企业带着员工一起撑下去。该社评说：

> 在被新冠病毒强行按下“暂停键”以后，一些中小企业的员工，一些直接为城市生活提供服务的个体劳动者，都被迫陷入“待业”状态。旧的存货积压增加着成本，订单和客源的中断导致坐吃山空，现金流被拦腰截断。随着时间的推移，他们坚守下去的信心可能正在减弱，需要足够有效的“定心丸”帮助他们重整信心，走到疫情过后的春暖花开。

2020年2月8日，中国工人社评《黎明前倒下的牺牲者不应只是“工伤”，我们还有〈烈士褒扬条例〉》发出，呼吁要向罹难在抗疫一线的勇敢者表达出更多的敬重和怀念。该社评说：

> 我们有《工伤保险条例》，我们也有《烈士褒扬条例》。公民牺牲可以评定为烈士的条件里，就包括“抢险救灾或者其他为了抢救、保护国家财产、集体财产、公民生命财产牺牲的”这一情形。
>
> 但是，牺牲者已经在黎明前倒下了，告别了他们曾经深深热爱的生活。在这场巨大的灾难面前……对于所有在抗疫战斗中抢救、保护公民生命牺牲的人，我们都应该想到《烈士褒扬条例》的存在。

2020年2月10日，中国工人社评《为上班的人提供口罩，劳动者的勇敢不能在空气中裸奔》发出，呼吁为离家上班的人提供口罩是复工企业应当承担的责任，政府应迅速加大力量缓解口罩紧缺的状况。该社评说：

《劳动法》明确规定，用人单位有义务在劳动期间保护劳动者的安全。这就意味着，既然员工需要口罩防止被病毒感染，企业就有法定义务向每一位复工人员提供口罩。有的企业要求员工自行准备口罩，否则就要实施内部处罚，这显然是损害了员工的权益。如果真有企业非要这样去做，我们可以让它付出代价。

疫情还在延续，复工的规模却还要继续扩大。一段时间内，口罩就是一场充满悲壮色彩的消耗战。中国有全世界最快速的生产能力，我们相信国家正在竭力启动它。但是，中国的经济发展不能持续等待，深陷的企业必须挣扎着爬起来，这都需要千百万劳动者勇敢地走向自己的生产岗位。我们所能做的，就是为每一位上班的人提供口罩，不让劳动者的勇敢在空气中裸奔。

2020 年 2 月 13 日，中国工人社评《为了下一个生死关头还能有人挺身而出，中国社会需要这样去做》发出，尖锐回应一些反对为抗疫医护人员子女给予就学照顾的声音。该社评说：

随着更多增援大部队的到来，最早一批直面生死的医护人员开始逐渐撤向后方……他们是和平年代最美的天使，整个中国应当用让人眼红的关爱去表达对他们的感激。至于有的所谓破坏教育公平的指责杂音，就让它自生自灭好了。生死关头时没有讲的公平，如果在向死而生之后再讲，这就很不公平。

灾难总要过去，人们终归需要擦干泪水继续前行。与新冠病毒的斗争消耗了巨大的社会财富，但以今天中国的积累，我们有条件褒奖那些灾难压向头顶时保持站立的人……公平需要我们这样去做，良心需要我们这样去做，为了下一个生死关头还能有人挺身而出，中国社会需要这样去做。

2020年2月16日，中国工人社评《疫情防控仍然十万火急，但不是继续非理性停工的借口》发出，公开批评一些地方以“一刀切”的懒政态度阻止复产复工，比疫情本身更可怕。该社评说：

从武汉封城开始，那些受到疫情影响最严重的中小企业，就如同一个在水下憋气的人。人工、房租、折旧费用的消耗每天都在发生，时间每多拖一天，受影响链条上的劳动者的境况便会让人多一分担忧。提供了80%就业岗位的中小微企业一旦支撑不下去，就业稳定的压力可想而知。更重要的是，这背后直接关联一个个劳动者藉此谋生的饭碗。

在新冠疫情高度管控的情况下，这些中国工人社评全部通过中国工人微信公众号第一时间发布，随后才安排在 2020 年《中国工人》第二期刊用。这种面对复杂环境的快速、及时、理性、果敢发声，有效起到了引领舆论和维护劳动者权益的作用，主流互联网平台对于这一系列中国工人社评的转发，即是例证。

跟上时代之变和技术之变

2018 年改版以后的《中国工人》，保留了长久以来与读者紧密互动的传统，“编读往来”继续回应读者提出的各种问题，各个副刊栏目都注意采用征稿的方式，让普通读者成为杂志撰稿人，从而让整个内容更接地气、更有生气。

在抓好选题内容的同时，《中国工人》注重在图片表达、版面设计、纸张选用等方面协同发力，尤为强化“劳动致敬”和“图片故事”两个视觉栏目的冲击力和影响力。比如，策划推出的图片故事《劳动者十二时辰》，用 12 张富有感染力的图片，浓缩普通劳动者的寻常一天，彰显劳动之力和劳动之美；持续推出的“大国工程”系列图片报道，以高原、深海、荒漠为背景，定格中国工人“奋斗的样子、奔跑的瞬间和骄傲的时刻”。

身处新媒体兴盛带来的“读图时代”，《中国工人》既坚持厚重的思想表达和温暖的人文关怀，又坚持“一图胜千言”的编辑理念，采用了大量主题鲜明、视角新颖、动感丰富、震撼有力的高质量图片。这些图片落实到每一期的版面上，跨页大图和细节小图交织错落，让版面的表达节奏更加明快。

与此同时，《中国工人》努力优化设计风格，注重读者的视觉感受。在封面设计上，围绕每期深度报道主题进行创意设计。在内文设计上，注意使用图片、图表、配文、记者手记等多种内容要素，让版式变得丰富而有生气。遇有超大规模的重点报道，则通过增加小封面、特制 LOGO 的设计方式，把主题和立意呈现出来，打破长篇文字带来的阅读压抑感，既有所分割又仍浑然一体。

但是，伴随着信息时代的到来，传统媒体长期形成的传播方式和内容形态开始受到挑战。《中国工人》深刻认识到，基于数字技术、网络技术和移动通信技术，通过互联网和移动终端进行信息传播，已经成为不可抗拒的大趋势。1924 年开始的烽烟岁月，党的早期领导人用纸张和油墨传播真理的声音，唤醒中国工人阶级的历史觉悟。近百年后，《中国工人》的传承者只有跟上时代之变和技术之变，敢于踏入新技术、新渠道、新形态的“传播蓝海”，才能让这份红色工人刊物继续与亿万劳动者紧密融合，在多元化的信息传播生态中永葆初心和使命。

2020 年 2 月 3 日下午，正值新冠疫情肆虐中国的时刻，中国工人微信公众号紧急发布特制音频《新型冠状病毒职工防护知识 50 问》，供各地工会组织和广大职工免费收听。音频全长 40 分钟，不仅有新冠疫情的基础知识，还有工作场所、家庭场所和公共场所的防护知识，浓缩了复产复工的防疫知识要点。

这是《中国工人》第一次以新的传播方式和内容形态发布数字产品。考虑到一些地方推进复产复工的需要，在特制音频发布的当天开始，各级工会或企业工会可以在微信公众号后台留言，索取防护知识50问的文字版本，《中国工人》第一时间免费提供。

特制音频发布后不到两个小时，中国工人微信公众号便迅速出现了第一个“10万+”的阅读量，当天晚上则超过40万。第二天，根据各地读者强烈需要，《中国工人》发布《免费！防护知识“广播”，邀你来下载》——

微信后台收到了数百条热情的留言，有企业留言希望可以将音频版分享给职工学习，也有网友希望获取音频版分享给亲朋好友。为方便大家学习交流，现将音频版获取方式分享给大家：

方式一，发送“音频”到“中国工人”微信公众号后台，获取下载链接。

方式二，长按或扫描下方二维码，添加“中国工人小管家”微信号私聊，小管家手动发送音频文件。

这一次特制音频的发布，在定义与形态、传播方式与效率、互动性与参与度、内容形式与呈现等各个方面，都显示出新媒体时代信息传播的特有价值，成为《中国工人》运用新技术、新渠道、新形态践行办刊宗旨的起点。

2021 年 2 月 10 日，《中国工人》杂志社精心策划，推出“留在工作地　开心过大年——2021 全国职工网络大团圆”活动，被称为中国第一个“职工网络春晚”，全国 20 余家工会新媒体平台同步直播，仅技能强国-全国产业工人学习社区的收看人次就超过了 100 万。

与《中国工人》此后举办的线上活动相比，100 万这个数字并不惊人。但是，对于这份创刊近百年历史的红色工人刊物而言，它却是拥抱新技术、新渠道、新形态的又一次大胆尝试。

此次“职工网络春晚”共分 14 个段落，既有郭明义、巨晓林、高凤林三位全国总工会兼职副主席的新春拜年，又有大国工匠和一线职工的技能绝活儿展示，还有中国书法家协会主席苏士澍向一线劳动者写福送福。现场直播过程中，职工网友可以通过“云”互动抽取红包和奖品，在参与中感受欢乐喜庆的春节氛围。活动为留守工作地的普通劳动者送去了关心和温暖，彰显了“工”字特色和人文情怀。

2021 年 4 月 28 日，为了庆祝中国共产党成立 100 周年，由中华全国总工会主办的全国百名劳模图片展在北京市劳动人民文化宫（太庙）展出，315 幅图片、15 件珍贵实物和经典视频资料，述说着劳动模范的光辉岁月。

在承担展纲撰写、图片遴选和解说词撰稿任务的同时，《中国工人》第一次运用 3D 技术制作了这次图片展的线上展馆，读者可以轻触手机屏幕，自由移动观展线路，自由放大观看图片。

对于《中国工人》而言，制作百名劳模图片展的云上展馆意义深远，由此形成了沉浸式线上场景建设的全新业态。

2022年4月27日至29日，由中华全国总工会主办的首届大国工匠创新交流大会在深圳国际会展中心举行。大会设立了77个展区，总面积约1.8万平方米，展示了1300多项职工创新成果，各类实物和模型展品近800件。

然而，由于全国各地新冠病例接连出现，加上极其严格的疫情防控措施，大会显然已经无法依照常规的展会形式举办。主办单位决定采用“互联网+展会”的新模式，领导同志在北京远程线上巡馆，全国各地职工在“云”端线上观展。

这是中国工会第一次“云上办展”。作为工会系统唯一有过搭建线上场景经验的单位，《中国工人》受命承担领导同志远程巡馆内容制作和3D-VR线上云展馆建设的重任。

2022年4月27日，全国总工会机关大楼，首届大国工匠创新交流大会开幕式以视频方式举行。北京的主会场内，通过三块超清巨幕，领导同志远程查看位于深圳的大会交流区展示情况。各个展区的现场情况清晰地呈现在巨幕上。从银针锦绣到大国重器，实物和模型以裸眼VR的形态迎面而来，生动展现了以大国工匠为代表的广大劳动者“技能强国、创新有我”的精神面貌。

为了完成好远程巡馆内容制作的任务，《中国工人》采用8K超高清全景视频技术，融入3D动画、视频、音频、图文环绕等效果，通过超清巨幕以270度环绕视角播放，产生出沉浸式巡馆的震撼体验。

3D-VR 线上云展馆的建设，更是一场争分夺秒的数字之战。从大会交流区实景搭建完成到 3D-VR 线上云展馆上线，中间仅有 3 天时间。第一个 24 小时，20 余组摄制团队全部抵达深圳国际会展中心，通过 3DPro 扫描仪完成了 1 万多平方米空间的数据采集。接下来的 48 小时，后方技术团队基于 VR 云服务平台进行实景复刻，逐一完成全部巡看视频和热点音视频的转化上传。

4 月 27 日 12 时，首届大国工匠创新交流大会 3D-VR 线上云展馆正式上线，在互联网上打造出了一个永不落幕的“智慧之城”。短短 3 天时间，3D-VR 线上云展馆访问人次达到 485 万，网友评论 34 万条，点赞 3172 万次。

运用网络信息技术开展大型活动，这在中国工会还是第一次。整个过程中，《中国工人》克服建设时间紧、新开发功能多、参展内容变动频繁的困难，精心衔接各道工序，上百个工作事项交错进行，体现了强烈的创新意识和战斗力。

从特制音频到“职工网络春晚”，从百名劳模图片展云上展区到工匠大会 3D-VR 线上云展馆，《中国工人》在新技术、新渠道、新形态的探索之路上坚定向前，逐渐积累了数字技术、网络技术和移动通信技术的应用案例，连续打造出通过互联网和移动终端进行信息传播的成功范本。

2023 年 9 月 28 日，在全国总工会宣传教育部指导下，《中国工人》承建的全国职工爱国主义教育基地“工途”小程序正式上线，成为中国工会打造职工思想政治引领互联网平台与产品的新尝试，也全面检验了《中国工人》的互联网数字产品的自主设计、自主建设和自主运营能力。

最终形成的“工途”小程序，集中展示了全国总工会首批命名发布的 28 个全国职工爱国主义教育基地，通过 3D 实景复刻技术，将党领导下的百年中国工会发展史从线下展馆延伸到线上云端，设置了“游展馆、看展品、览路线、学知识、乐活动”等 5 个板块，还将各个展馆的内容分解为 300 多条不同角度和细节的浏览路线，让红色工运资源线上可学、线上可感、线上可知和线上可及。

“工途”小程序一经上线，便受到广大职工网友的热烈追捧。在一份近千名职工参与的问卷调查中，看 VR 展馆、游览 VR 路线、学习历史知识是最受欢迎的功能，56% 的受访者认为“工途”符合使用习惯，易于操作，接近 70% 的受访者表示期待后续的内容，并愿意推荐给朋友。上线五个月，访问量近 2 亿人次。

尤为可贵的是，《中国工人》特别注重运用新媒体的技术和手段，探索互联网时代职工思想政治引领的新范式。

2022 年 10 月 24 日，就在党的二十届一中全会闭幕 20 小时后，《中国工人》牵头打造的党的二十大精神学习平台在全国工会电子职工书屋、技能强国－全国产业工人学习社区和学习强会同步上线，当天即有 4 万余名职工网友和工会干部访问学习。平台集纳了党的二十大重要文件和专家学者权威解读，设立了“解读二十大”“一线党代表风采”“声音里的党代会”“党史里的工运史”等融媒体栏目，构建起随时学、随地学、自主学、互动学的完整云端学习生态。

2023 年 7 月，《中国工人》承接第二届大国工匠创新交流大会暨大国工匠论坛全程直播任务，首次在工会系统实现 50 小时不间断播出，同步承担 10 余个地方工会的直播活动，全网观看量超过 2000 万人次。

为加快数字化传播能力建设，《中国工人》投资成立了中慧智工（北京）新媒体科技有限公司，深耕技术能力建设，为融合发展提供技术保障。同时，《中国工人》积极构建新媒体矩阵，形成微信、微博、App、抖音、快手、学习强国号相互支撑的新媒体格局，并全面开启基于杂志业务功能和内容储备的融合业态。

实现融合发展，离不开团队整体能力的提升。近年来，《中国工人》持续进入新领域、接触新业务、应用新技术，在不断遇到问题、不断解决问题的过程中成长壮大。2023 年，《中国工人》"AI 与工会应用创新工作室"成立，尝试人工智能在工作全流程的应用，孵化"AI 小天"虚拟人应用于平台建设，开启数智化赋能百年红刊的探索。

中国期刊协会会长、原国家新闻出版广电总局副局长吴尚之认为，《中国工人》杂志社追寻百年历史，不忘办刊初心，从历史中找到自己，从历史中认识自己，从历史中寻找方向，走好了新时代的发展之路。他说：

一是强化品牌定位。《中国工人》全新改版后，进一步坚定了面向广大职工群众办刊的初心使命，坚守劳动情怀，设置精品栏目，聚焦大国工匠、劳动模范、一线劳动者，让杂志内容更接地气，更有生气。与此同时，着力打造深度品牌，抓好选题策划，推出重点文章，深耕深度报道，挖掘深度故事，抓住时代审美，在图片表达、版面设计等方面协同发力，锻造杂志新面貌，提升了杂志的品牌形象。

二是强化融合创新。《中国工人》积极构建新媒体矩阵，开启了基于杂志业务功能、内容储备的融合发展。以“大国工匠”为切入点，打造“中国工人蓝沙发”品牌，承接全国总工会重大活动直播，加强杂志内容储备的学习平台建设，开展服务亿万职工的线上产品研发，不断拓宽了融合发展的思路和途径。

三是强化队伍建设。《中国工人》注重打造“学习型组织”，完善薪酬激励机制，让个人收入增长与集体发展同步，建立以结果为导向的奖励制度，有效激发了内生动力。

今天的《中国工人》，已经拥有一支“小、精、悍”的年轻团队，先后获得全国工人先锋号、中央和国家机关五一劳动奖状、中央和国家机关青年文明号等荣誉称号，先后入选全国期刊重点选题资助项目、期刊主题宣传好文章和中国精品期刊展，期刊发行量、社会传播力和品牌影响力均大幅提升。

结语　新百年，新未来

河北省最北端的塞罕坝机械林场。一排排落叶松一字排开，从紧挨公路的山崖绵延向上。这片在 20 世纪 60 年代还是不见人烟的荒漠沙地，如今已经变成一望无际的林海绿洲。

2021 年 8 月 23 日，习近平总书记考察调研塞罕坝机械林场。沿着尚海纪念林的林间栈道，他一路走，一路看，其间与林场职工代表亲切交流。

尚海纪念林的“尚海”二字源自林场第一代建设者王尚海的名字。遵其遗愿，他的骨灰被撒在当年大会战的马蹄坑。尚海纪念林的一侧，一块石头上刻印着马蹄坑大会战的故事。

2021 年 9 月，《中国工人》采访组来到塞罕坝，跟踪回访习近平总书记对守护这片茫茫林海的林业职工的关怀。随后，《中国工人》从 2021 年第九期起，推出系列报道“沿着总书记的足迹”，开篇即为《塞罕坝：百万亩林海接力人》。

由此开始，《中国工人》的编辑记者走向全国各地，忠实记录习近平总书记在河北、福建、浙江、上海工作期间及党的十八大以来各个时期，与一线职工朋友们问生计、讲政策、话前程的生动故事，并陆续在《中国工人》刊出。

在《中国工人》迎来创刊100周年之际，25组普通劳动者的访谈终于汇成一部厚重的书稿，全方位刻画出习近平总书记情倾一线工人，时时问生计冷暖、事事察民情民愿、处处鼓奋斗之志的温暖场景，也将成为广大一线职工和职工群众学习党的创新理论、感悟习近平总书记领袖风范的优秀读物。

从《新时代，去奋斗——中南海回信和最有名的“劳模班”》到《中南海的关怀：总书记与劳动者在一起》，《中国工人》把习近平总书记对一线职工的殷切嘱托和亲切关怀跃然纸上，展现出人民领袖的思想力量、领袖风范和人格魅力，用更多生动的文字，传递着真理的声音——

> 不论时代怎样变迁，不论社会怎样变化，我们党全心全意依靠工人阶级的根本方针都不能忘记、不能淡化，我国工人阶级地位和作用都不容动摇、不容忽视。
>
> 人民创造历史，劳动开创未来。劳动是推动人类社会进步的根本力量。幸福不会从天而降，梦想不会自动成真。实现我们的奋斗目标，开创我们的美好未来，必须紧紧依靠人民、始终为了人民，必须依靠辛勤劳动、诚实劳动、创造性劳动。
>
> 劳动是财富的源泉，也是幸福的源泉。人世间的美好梦想，只有通过诚实劳动才能实现；发展中的各种难题，只有通过诚实劳动才能破解；生命里的一切辉煌，只有通过诚实

劳动才能铸就。

100 年前，中国共产党成立初期，宣传马克思主义，启发工人阶级觉悟，动员工人组织起来，为了争取自己的权益而斗争，成为党的主要任务。

100 年后，中国共产党正在创造新的伟大时间，以“我将无我，不负人民”的壮志豪情，胸怀千秋伟业，行进奋斗征途。

革命需要舆论，舆论需要宣传。

《中国工人》的新使命，融入中华民族伟大复兴的伟大梦想。

《中国工人》的初心，始终坚定，从未改变。

2019 年，这是《中国工人》创刊的第 95 个年头。当年的最后一期《中国工人》，选择了《这一年，又一年》作为“刊首语”的题目，盘点这份红色工人刊物恪守初心的“这一年”——

这一年，我们去了西藏那曲，体会缺氧带来的身体不适，也对自然资源部第一大地测量队和守护青藏铁路的职工有了多一层感同身受的理解。茫茫高原，匮乏的自然物质馈赠，对应着的却是人们更为丰沛的精神世界。

这一年，我们去了渤海湾的海上采油平台，在石油职工们默默无语的一餐安静午饭里，窥得一丝丝海上作业枯燥无聊的日常寂寞。于人来说，经历大风大浪是一种考验，总是无风无浪也是一种考验，人的精神世界与什么抵抗并不重要，重要的是用什么构建一个自洽而自得的世界。

这一年，我们去了南国城市佛山，与外来打工者一起，在文化宫里参与各种各样的文化活动，一种叫作融入融合的东西，正在这个群体中微妙地发生着化学反应，故乡与他乡的界限在变得模糊，人们的精神世界总归需要找到一个归宿。

这一年，我们的办公楼大厅里，建起了一个小小的户外工作者爱心驿站，不管是夏日炎炎还是寒冬凛凛，偶遇进来歇脚喝水纳凉避寒的环卫工人、外卖小哥，我们都难免会暗暗地小小骄傲一下，这份爱的传递所能带来的人心向暖，持续不断。

生活如常，希望相承。这既是《中国工人》的一年，又是《中国工人》一年又一年的缩影。每一年，她们总会有人回到延安，回到杨家岭上的《中国工人》编辑部旧址，重温1924年开始的出版历程，向曾经激情燃烧的岁月致敬，让自己的根基永远深植于中国工人阶级的丰沃土壤。

作始也简，将毕也巨。

2024年10月，《中国工人》迎来了创刊100周年。

无限的过去都以现在为归宿，无限的未来都以现在为渊源。这一期的《中国工人》，站在100年的时间节点，发出“新百年，新未来”的声音——

100年前，我是黑暗年代不灭的火，微小孱弱，为挣脱铁链的人，刺破白色恐怖的阴霾，砸碎束缚自由的锁。

84 年前，我是宝塔山下希望的光，信仰生长，最艰难的时刻，用文字吹响冲锋的号角，坚定而不迷茫。

74 年前，我是新中国的荣耀时刻，激情燃烧，开国劳模的凌云壮志，当家做主的澎湃骄傲，记录每一个奔跑向前的人。

新的时代，融入大国重器的坚实底座，陪伴茫茫林海的寂寞守望，记述每一次拼搏奋进的模样。

与党同行，为工发声。保持热爱，永远澎湃。有中国工人的地方，我在。

一百年，我们和我们的阶级，我们和我们的时代。

时光巨幕的刻度里，浪拥抱着浪，光簇拥着光。青衿之志，行程万里。

新百年，新未来。

图书在版编目（CIP）数据

《中国工人》百年简史 / 张刃, 李瑾著. -- 北京 :
中国工人出版社, 2024. 12. -- ISBN 978-7-5008-8493-4

Ⅰ. K261.307

中国国家版本馆CIP数据核字第2024XY9050号

《中国工人》百年简史

出 版 人	董　宽
责任编辑	蒋佩轩
责任校对	张　彦
责任印制	栾征宇
出版发行	中国工人出版社
地　　址	北京市东城区鼓楼外大街 45 号　邮编：100120
网　　址	http://www.wp-china.com
电　　话	（010）62005043（总编室）
	（010）62005039（印制管理中心）
发行热线	（010）82029051　62383056
经　　销	各地书店
印　　刷	北京盛通印刷股份有限公司
开　　本	880毫米 ×1230 毫米　1/32
印　　张	8
字　　数	170千字
版　　次	2024 年 12 月第 1 版　2025 年 10 月第 2 次印刷
定　　价	98.00 元